ルポ

差別と貧困の外国人労働者

安田浩一

光文社未来ライブラリー

0017

はじめに

日本にどれだけの数の外国人労働者が存在するのか、正確な数字は出ていない。

法務省入国管理局の発表によると、就労を目的とする在留資格を持つ外国人は約二十一万人（二〇〇八年末）。ただし、この数字に含まれるのは、エンジニアなどの高度専門技術者、通訳・翻訳、語学指導、海外取引業務といったホワイトカラー労働、あるいは料理人やダンサーといった特殊能力を生かした職種に就く人々である。

それ以外の、たとえば工場などで単純労働に従事する外国人は、「就労目的」に含まれない。その多くは、日系ブラジル人などの定住者、研修生・技能実習生である。さらにはその配偶者や家族、アルバイトに従事する留学生、在留期限が切れたまま無資格で働く外国人もいる。これらをすべて合わせると、日本で働く外国人労働者の数は、推計で一〇〇万人から一二〇万人と言われる。

労働者という文言にもっとも近いイメージを持つ単純労働従事の外国人が、実は「就労目的」の在留資格を与えられていないところに、わが国の外国人政策のいかがわしさが漂う。

政府は一貫して「単純労働者は受け入れない」とのタテマエを崩していない。だからこそ、単純労働に関わる日系人や研修生・技能実習生を、あくまでも「例外」として位置づけてきた。苦肉の策というよりは、単なるまやかしである。

＊　＊　＊

実際、「例外」的な存在である外国人労働者によって、我々の生活は支えられている。日本の大手メーカーが生産する家電製品、自動車、パソコンのなかに、外国人労働者が関わっていないものなどない。最近では外国産の食料品を避け、国内産だけでまかなう家庭も多いが、人手不足にあえぐ国内の農家は、その労働力を研修生・技能実習生などの外国人に頼っている。つまり、国産を売り物とする野菜や果物の多くは〝外国人産〟でもある。

それほどまでに外国人の労働力が生活のなかへ深く浸透しているというのに、「例外」はないだろうと私は思う。

立ち位置があいまいであるがゆえに、労働者としての、いや、当たり前の人間としての権利さえ、ときにないがしろにされる。

ある縫製会社では、工場で働く中国人研修生との間で、次のように記された誓約書を交わしていた。

・無条件に会社の規則、制度に従う
・いかなる無理な要求もしない
・いかなる動機によっても、ストライキや、もめごとを起こさない
・携帯電話、パソコンの所持を禁じる
・誰とも同居、結婚、妊娠を引き起こす行為をしない

これを初めて目にしたとき、妙に気持ちがざらついた。「要求」も「妊娠を引き起こす行為」もダメなのか。まるで人間を捨ててロボットになれと命じているような誓約書に、薄ら寒さを感じた。

また、「定住者」として自由に働くことのできる日系人にしても、人間扱いされないケースは多い。ある工場では、日系ブラジル人のタイムカードだけ、名前ではなく番号が記されている。ブラジル人の名前は、日本人にとって書きにくく、覚えづらいからだ。名前を奪われた人間が、人格など認めてもらえるわけがない。

＊　＊　＊

私は、週刊誌記者をしていた九〇年代から、労働問題に強い関心を持って取材を続けてきた。だが、外国人の問題に関しては、今世紀に入るまでほとんど手をつけてこなかった。私のなかにも、外国人は「例外」だという意識があったのかもしれない。その〝遅れ〟を取り戻したいという一心で、ただひたすら現場をまわった。あまり表には響いてこない声を拾うことに専念した。私の物言いが憤りや絶望ばかりで、前向きな提言に言及できていないのは、現実の重みを前にして、いまだ、たじろいでいるせいでもある。そのあたりは勘弁願いたい。

なお、本書においては外国人労働者のなかでも特にその存在が注目される（人数的にも多い）中国人研修生・技能実習生、日系ブラジル人を中心に追った。他の多くの外国人労働者の存在もまた、同じような問題を抱えていることは言うまでもなかろう。

本文へ入る前に、結論めいたことをひとつだけ述べたい。

外国人労働者の姿、置かれた環境は、その国（受け入れ国）の民度を測る重要なモノサシになるのではないか、ということだ。少なくとも私は、外国人労働者が漏らすため息と憤りの言葉から、あらためて「日本」を思った。

ルポ　差別と貧困の外国人労働者　目次

本文写真・著者

第一章から第八章にかけての人物や肩書、年齢、組織の名称、制度や法律、為替レートなどは特に注釈のない限り、いずれも取材当時のものです。なお本書の親本である新書版刊行時（二〇一〇年）、現在の技能実習生は「研修生」と呼ばれていました。正確には就業一年目が研修生、二年目以降が実習生とされていましたが、現在は「技能実習生」と名称が統一されました。本書では第八章までは一部を除き、新書版刊行時の「研修生」を用いています。

第一部　中国人が支える、日本の底辺重労働

第一章　北京政府公認の「最優秀校」

日本で働くための「予備校」

中国河南省の南端、新県は山あいの小さな農村である。道端では牛が寝転び、放し飼いの鶏が、せわしなく走り回る。むき出しの大地がところどころ黄色く染まっているのは、住民の貴重な収入源となる菜の花畑だ。

そうした長閑《のどか》で退屈な風景のなかにあって、周囲を睥睨《へいげい》するかのように建つ「新県涉外職業技術学院」の近代的な校舎は、ひときわ異様な存在感を示していた。

同学院は、日本の企業へ研修生・実習生を送り出すための職業訓練施設として二〇〇〇年に開校。現在、男女合わせて約三〇〇〇人の若者が、縫製や農業、溶接などの技術、日本語の読み書きなどを学んでいる。いうなれば、日本で働くための〝予備校〟だ。最新鋭の訓練設備と優秀な講師陣、そして日本企業からの引き合いも多いといった実績により、中国に数多く存在する同様の訓練施設のなかでも、同学院は〝最優秀校〟の称号が、北京政府から与えられている。

正門を抜け、グラウンドに入ると、周囲の波長を乱すかのような光景が飛び込んできた。迷彩服に身を包んだ一団が、両手両足を大きく振り上げながら、まるで軍事教練のような行進を繰り返していたのである。男女三〇人ほどの一団は、筋骨たくましい教官の掛け声に合わせて、右に左に身体の向きを変える。

2000年に開校した、河南省にある「新県渉外職業技術学院」

ザッ、ザッ、ザッ、ザッ。規則正しい靴音が響く。おそらく段取りはついていたはずだ。私がその横を通り過ぎようとすると、迷彩服の一団はピタリと動きを止めた。直立不動の姿勢で一斉に大声をあげる。

「コンニチハ!」「ヨウコソ、イラッシャイマシタ!」

抑揚のない、ただ怒鳴りあげるだけの日本語だった。

そして一斉に沸き起こる拍手。まるで国賓を迎えるかのような演出だ。来訪者があるたびに、同じような〝儀式〟が繰り返されてきたのだろう。訓練生の動きはそつなく、手馴れた感じがした。このあまりにも時代がかった〝歓迎〟から、私は反射的に目をそらした。全体主義の様式美は私の趣味ではない。機械的な拍手の音を聞いていると、気恥ずかしさと同時に、軽い嫌悪を覚えるしかなかった。

まるで軍隊

拍手が鳴り止むと、今度はなぜか一斉に腕立て伏せが始まった。これもまた、来訪者に対するパフォーマンスなのか。教官の号令のもと、迷彩服の波が上下する。男性も女性も必死の形相だ。腰を浮かせたままの訓練生がいると、教官は容赦なく頭を小突き、尻を蹴る。ひところ日本でも流行《はや》った、「地獄の訓練」を売り物とする管理者養成学校や、どこぞのヨットスクールを連想させた。

「学校というよりは、まるで軍隊だな」

私が独り言のようにつぶやくと、案内役の同学院理事長・李太福《リーダーフー》（地元共産党の幹部でもある）は、それを聞き逃さなかった。わが意を得たりとばかりに誇らしげな表情を浮かべて、声を張り上げた。

「その通りです。軍隊式の訓練は、人間を忍耐強くし、根性を鍛えます」

忍耐と根性。こうした言葉を、なんら言い澱《よど》むことなく発せられる環境こそが、この学校の立ち位置を示している。

それでも、素朴な疑問をぶつけずにはいられない。こうした「軍隊式」訓練に、いったいどんな意味があるのか。日本で働くにあたり、行進や腕立て伏せは何か役に立つのか——。せいいっぱいの皮肉を込めて問いかけたつもりだが、やはり李理事長は生真面目に、そして胸を張って答えるのであった。

「当学院の目的は、日本の経営者に望まれ、喜んでもらえる人材を育成することです。経営者の指示を素直に受け入れ、どんなに苦しくとも勤労の意欲を失わない。そんな人材こそが必要とされているのです。苦しさに耐えることができなければ、日本企業のなかではやっていけません」

要するに「支配・従属」の関係を身体で覚えさ

筆者へのパフォーマンス？　腕立て伏せ訓練が始まった

せるということだ。こうした古典的な労使関係のあり方を、まさか中国で、しかも地域の共産党幹部から聞くことになるとは思わなかった。革命六〇周年に沸く中国であったが、社会主義建設の行き着く先に経営者に従順な労働者の育成があったとは、毛沢東も想像できなかったことだろう。「革命六〇年」で到達した地点を思うと、なにやら不思議な感慨に襲われた。

学院の李理事長

すべては日本人に喜ばれるために

しかし是非はともかく、このような「軍事教練もどき」で育成、派遣される研修生が、日本の経営者のニーズに適《かな》っていることは否定できまい。実際、たまたまこの日、研修生受け入れのために同学院を訪れていた日本人の農場経営者も「ここの若者たちは素晴らしい」と、統制の取れた訓練生の動きを絶賛した。

「いまどきの日本で、ここまで規律正しい若者などいませんよ」

愛知県で米と野菜を生産しているこの農場経営者は、〇六年から同学院を通して研修生を受け入れているという。

「雇用の受け皿として農業が注目されているとは言うが、日本の若者は長続きしない。泥まみれになって働くことのできる人間なんて、実際はほとんどいないんですよ。その点、この学院で訓練された中国人は違う。真面目だし、重労働でも泣き言を口にしない。みな、貧しい生活を送ってきただけにハングリーです」

行進も腕立て伏せも、すべては日本の経営者に認められるための重要なツールであり、貧困から抜け出すための手段でもある。それだけに、明日の豊かさを信じて、歯を食いしばり、汗だくになってシゴキに耐える若者の姿は、経営者の琴線を激しく揺さぶる。

校内に足を踏み入れると、壁の目立つ場所に同校のスローガンが墨痕《ぼっこん》鮮やかに大書されていた。

「誠信・主動・礼譲・知足」

私の視線を注意深く観察しながら、案内役の李理事長が〝解説〟する。

「誠実であること、自発的に動くこと、礼儀正しくあること、そして不平を言わないこと。これらは日本で働くにあたって、絶対に必要な要素です」

教室の中でも訓練生は、ただひたすら真面目で礼儀正しく、そして機械的だった。廊下から教室の窓を覗き込んだだけで、訓練生は一斉に立ち上がり、私に向けて拍手を送る。起立。礼。拍手。着席。校内のどこを歩いても、「熱烈歓迎」が繰り返される。そのたびに李理事長は、やはり満足げな表情を浮かべて、いちいち私の反応を確かめるのであった。

私が「熱烈歓迎」を受けるのは、取材者だからではない。日本人であるからだ。同学院にとって日本人は最大の顧客であり、訓練生にとっては将来の雇い主である。日本人に「望まれ、喜んでもらえる」ために、そして雇ってもらうために、教員も訓練生も必死なのである。

なぜ、日本で働きたいのか――

授業中、私語を漏らす者はいない。迷彩服の若者たちは背筋をピンと伸ばし、日本語の教科書と向き合っていた。ミシン訓練の教室では、縫い目の正確さ、早さが徹底して教え込まれていた。教師の一人は、「短い訓練期間の間に、できる限り日本の文化水準に近づかなくてはならない」と、私に語った。

訓練中の若者に話を聞いた。

なぜ、日本で働きたいのか——。

「貧しい生活環境を変えたい」

そう話すのは二十一歳の青年である。地元の工場で働いていたが、将来の展望が見えないことから、研修生を目指したという。

「研修生として日本で高度な技術を身につけ、それを中国に持ち帰りたい。そうすることで豊かな暮らしを、きっと実現できると思う。さらに、日本人の清潔な生活習慣も学ぶことができたら嬉しい」

同じく工場労働者だった二十九歳の女性は、「日本人の真面目さを見習いたい」と、真剣な表情で訴えた。

「私たち中国人は、経済成長のために、もっともっと努力しなければなりません。見習うべきは日本です。私も日本人のように真面目に働き、中国の発展に貢献したい」

彼女はここまで一気に話すと、「そして、なによりも」と付け加えた。

筆者の取材に答える学院生

「いまの貧しい生活から抜け出したい」

どの学生の口からも「日本人は真面目」「清潔」「技術がある」「豊か」「見習いたい」といった言葉が飛び出す。日本への賛辞ばかりだ。実態はともかく、わが国には中国の〝反日教育〟を問題視する声も少なくないが、この学院では反日どころか、「お手本であるべき日本」が叩き込まれる。

むろん、理事長立会いのもとでの取材である。〝学院公認〟の模範生が模範解答で応じるのは当然だ。それでも本音から遠く外れた言葉でもあるまい。

日本でカネを稼ぎ、技術を学び、豊かな生活を実現させる。それは私がこれまで接してきた多くの外国人労働者に共通する〝夢〟なのだ。李理事長が力説する。

「厳しい訓練に耐え、日本での労働にも耐えることができれば、幸せが待っている。日本の生活習慣を学ぶことで、中国の近代化にも貢献できる。日本で運営されている研修制度は、中国最貧地域であるこの町を、物質的に、精神的に、豊かにしてくれるものだと信じています」

「中国人研修生なくして、日本の農業は成り立たない」

正確には外国人研修・技能実習制度という。いまや一部では「奴隷労働」と揶揄《やゆ》されることも多いが、実態については後述する。発展途上国の若者を日本の企業・農場などへ受け入れ、人材育成と技術移転を支援することを目的として一九九三年にわが国で制度化された。日本に派遣された若者は、最初の一年間は研修生として技術を学び、その後、二年間を最長期間に企業と雇用契約を結んで実習生として就業する。

あくまでも国際交流事業の一環として位置づけられているため、たとえば第二部で詳述する、日系ブラジル人の「デカセギ」のようなものとは根本的に性格が異なる。しかし、外国人が単純労働に従事することを禁じているわが国において、研修制度がその抜け道として機能していることも事実だ。研修生は各種工場、農林水産業などの現場に派遣され、研修・実習の名目でありながら、その多くは単純労働に従事している。研修生は実質的に労働者であり、また、日本の受け入れ企業も労働力として彼ら彼女らに期待しているのだ。

前出の日本人農場経営者も、「いまや中国人研修生なくして、日本の農業は成り立たない」とまで言い切る。

「重労働低賃金。それが日本の農業現場だ。当然、働き手も後継者も不足している。こうした状況にあって、農業存続のためには研修生に頼らざるを得ない」（農場経営者）

わが国が誇る長野や群馬の「高原レタス」も、栃木のイチゴ「とちおとめ」も、その生産に多くの外国人が携わっている。農業だけではない。北海道の海産物加工業や牧場、四国のタオル産業、東海地方の縫製業や自動車関連産業、九州の造船業、さらには全国各地の建設、鳶《とび》、産廃、畜産といった分野において、研修生は貴重な戦力として欠かせない。

「新県渉外職業技術学院」の訓練生が目指すのは、こうした職場だ。最長三年間――この定められた期間を日本で働けば、必ず豊かさを手にすることができるはずだと、同学院の誰もが目を輝かせる。

成功者の話①――地元で農場を経営する男性

その豊かさを実現させた「成功者」を紹介してほしいという私の要望に応え、李理事長は三人の〝卒業生〟を紹介してくれた、ひとりは、地元で農場を経営する曹之剛《ツアジーガン》（三二）である。曹は二〇〇三年から三年間、研修・実習生として茨城県の農家で働いた。

「日本で農業技術を学んだおかげで、こうして自分の農場を持つことができました」

整然と並ぶビニールハウスの列を縫うように歩きながら、曹は日本の農業の素晴らしさを語った。

「まず、日本の農民は、驚くほど真面目です。朝早くから夜遅くまで、しっかり働く。農作物を自分の子どものように育てます。雨が降ったら、すぐにトランプやマージャンをはじめる中国の農民とは大違いです。日本人は雨の日も雪の日も作業を休まない。私はそのことに感動しました。そのうえ、技術も進んでいる。日本の農民は作物の育成だけが目的ではなく、安全で美味しいものを育てるための研究に余念がない」

採れたてのピーマンを手にして、「これが日本で学んだ成果です」と、顔をほころばせた。

「色、ツヤ、そして大きさ。どれも満足のいくものです。日本で学んだ有機農法でつくりました。安全性も高い。ですから市場でも高く売ることができます」

曹は日本で二〇万元（約三〇〇万円）を稼いだ。その資金を元手に、さらに中国政府からの融資も受け、現在は六〇のビニールハウスでピーマンとイチゴ、ホウレンソウなどを栽培している。

「日本は私に〝未来のある農業〟を教えてくれました。研修生にならなければ、先のことを考えない、貧しいままの農民であったかもしれません」

農場のさらなる拡大が、当面の目標だという。〝成功者〟としての自信と誇りを、曹の言葉の端々から感じ取ることができた。

成功者の話②――理事長秘書の男性

二人目は、李理事長の秘書を務める李鋒《リーフオン》（二九）だ。

やはり貧しい農民の家で生まれ育った李は、両親の生活を少しでも楽にしてやりたいと、日本へ渡った。革ジャンを着こなし、どこかトッポイ印象を与える李であるが、実は親思いの優しい青年でもあった。

「なんとしてでも、両親を喜ばせたかった。金のない私が親孝行するには、外国で働くしか手段がないのです」

李が働いたのは、東京の建設会社だった。「江戸川に架かる橋。都心のビル。東京には、私がつくった建築物がたくさんあります。あなたも私の手がけた建物に住んでいるかもしれません」と、流暢《りゅうちょう》な日本語で冗談を飛ばす。

李が日本から持ち帰った最大の手土産は、建築技術でも金でもなく、日本語だった。「日本で滞在した三年間、もっとも身についたのが日本語でした。せっかく学んだ日本語を、中国で生かすことができたらと思ったのです」

帰国後、外国語学校へ入り、本格的に日本語を学習した。日本で稼いだ金のほとんどを両親に渡すと同時に、一部を自分への投資に充てたのである。そんな彼を、母校の李理事長が「自分の片腕に」と呼び寄せた。日本企業との折衝が多い李理事長の通訳として、さらには学院運営の相談相手として、彼は忙しい毎日を送っている。

「日本へ行く前、研修とは金を稼ぐだけのものかと思っていた。しかし、私の場合は語学という武器をも手に入れることができました」

システム手帳を片手に颯爽《さっそう》とふるまう李の垢抜けた姿は、学院生の憧れでもある。

成功者の話③――マンションを購入した女性

そして最後に紹介されたのは、学院近くに住む韓文静《ハンウェンジン》(三二)である。

理事長の案内で彼女の自宅を訪ねると、そこは新県では珍しい、鉄筋コンクリート造りの真新しいマンションだった。一〇〇平米ほどの広さを持つ部屋に、警察官の夫と二人の子ども、両親と一緒に住んでいる。

このマンションの一室こそ、彼女の成功の証《あかし》だった。広々とした食卓、しゃれたカバーに覆われたソファ、大型の冷蔵庫とテレビ、エアコン。なるほど、家の中は豊かさが放つ芳香に満ちている。

照れくさいと言って顔を赤らめながら、韓は次のように述べた。

「二〇万元（約三〇〇万円）で、この家を購入しました。もちろん、日本の研修で得た金を使いました。もともとはレンガと土だけでできた粗末な家に住んでいたんです。小さい頃から両親のために家を建ててあげることが夢だったので……日本で働く機会に恵まれたことを感謝しています」

韓も貧しい農家で生まれ育ち、地元の高校を卒業した後は、実家で落花生や米の生産を手伝っていた。この地域において貧困は見慣れた光景のひとつであったし、農作業も嫌いな仕事ではなかった。だが、二〇代も半ばになると、なにか言いようのない焦りを感じるようになったという。

「このままで良いのかという思いが募ってきたんです。中国は進歩したというのに、ここではどんなに働いても、生活を変えることができません」

経済発展の槌音《つちおと》が響かぬ内陸部において、それは若者に共通する焦燥であろう。前出の曹之剛も李鋒も同じである。五輪の成功を収めた北京や、高層ビルの林立する上海だけが中国ではないのだ。人口十三億のうち、その七割を占める農民のほとんどは、平均年収が一〇万円に届かない貧農である。そうした環境で生まれ育った若者が、ささやかな富を求めて国外へ出るのは、ごく自然なことだ。

飛躍を夢見た韓も「新県渉外職業技術学院」を経由して、茨城県の農家で働いた。「苦しいときには家族や恋人の顔を思い浮かべて頑張った」という韓は日本での研修生活を振り返る。彼女もまた、曹之剛や李鋒と並んで、学院で学ぶ訓練生にとって「目標の人」である。

成功の陰に

だが――。

訓練生は大金を持ち帰ったという「成功例」以外の事実を知らされてはいない。日本で働く多くの研修生・実習生が、労働法にも守られず、過酷な低賃金労働を強いられていること。けっして誰もが大金を持ち帰ることができるとは限らない現実。

これらは巧妙に隠蔽《いんぺい》されている。まして米国国務省が、日本の研修・実習制度を「人身売買に等しい」と指摘していることなど、情報統制の行き渡った中国において訓練生が知る由もない。

たとえば、マンション購入資金を貯めることができた韓文静も、労働法無視の過酷な低賃金労働を強いられたひとりである。派遣された茨城県の農家では、朝六時半から夕方五時までが決められた作業時間だった。昼休み以外、ずっとビニールハウスのなかで仕事した。夕食を終えたら、深夜まで、採れたての大葉をビニールに詰める残業が待っていた。

研修時の毎月の固定給は、わずか六万円。二年目からは七万円に昇給したが、残業時給は三年間ずっと三〇〇円だった。法で定められた最低賃金の半額以下である。休日は週に一日だけだった。夏期休暇も正月休みもなかった。だから彼女は三年間も日本に滞在していながら、労働現場以外の「日本」を、ほとんど知らない。思い出せる風景といえば、農家周辺以外に、一度だけ連れていってもらったディズニーランドと浅草だけである。数少ない休日には、疲れた身体を癒《いや》すため、部屋の中でじっとしていた。だからこそ、金を貯めることができたともいえよう。

大金を持ち帰ることができた理由のひとつは、研修先農家が米や野菜を現物支給してくれたことにある。これはきわめて恵まれたケースだった。おかげで韓は「食費にまったく金をかけずにすんだ」のだ。

彼女はただひたすら働き、食料も服も買わず、遊びに出かけることも一切なく、貯金だけを増やした。残業代を安過ぎると感じたこともあったが、口には出さなかった。学院での教え通り「経営者に喜ばれる研修生」であり続けたのである。

これを、教育の成果だとして手放しで喜ぶべきなのだろうか。

理事長が強調したこと

学院を取材した日の晩、羊の丸焼きを名物とするレストランで、私は李理事長と遅くまで議論した。

私は日本における研修生の働き方、働かせ方が、あまりにも経営者にとって都合がよすぎるのではないかと主張した。「時給三〇〇円などという労働が許されるべきではない」とも訴えた。法を無視した例外的な労働を許してしまえば、それは外国人差別に当たるだけではなく、日本の労働市場そのものを崩壊に導くと思ったからだ。経営者に従順であることだけを良しとする学院の教育方針にも疑問を唱えた。

対して李理事長は、「管理」の必要性と、研修・実習制度の「成果」を強調した。

「需要に合った人材を育成するのは当然です。真面目で優秀な人材を日本が欲しがっているのだから、そのために学院が努力するのは当たり前ではないですか。中国人は働かない、不真面目だ、といったレッテルだけは絶対に貼られたくない。そのために厳しい事前訓練を課しているのです。賃金の問題にしても、できれば日本の経営者には法を遵守してもらいたいとは思っています。しかし、それを声高に主張してしまえば研修生を受け入れる職場が減ってしまう。よく考えてもらいたいのは、実際、研修生となって富を得た若者が大勢いるという事実です」

落としどころのない議論を続けながら、私たちは羊の骨をしゃぶり続けた。

ちなみにレストランの代金は、すべて李理事長が支払った。これは〝取材先での接待を受けない〟という記者のルールに反したことになる。残念なことに、李理事長は私が自分の財布に手をかけることを許さなかった。彼はおそらく、中国でも最高評価を得ている学院のPRを、取材者である私に期待したのかもしれない。だとすれば申し訳ないことをしてしまった。だから、というわけではないが、李理事長もまた、現在の研修制度を無条件で許容しているわけではないということにも触れておきたい。

彼が指摘するのは、研修生に対して労働だけを強いる日本の経営者の意識の問題だ。

「そもそも研修・実習制度には、技術伝承や国際交流といった意味も含まれていたはずだ。しかし現在、研修生は人手不足を埋め合わせるだけの、ただの単純労働者としか見なされていない。労働条件よりも、そのほうがずっと深刻な問題だ。稼いだ金は、使ってしまえば消えてしまう。しかし、文化や技術を持ち帰ることができれば、それは一生消えることのない財産として残ります。日本の経営者は賃金だけではなく、研修生の将来につながるような技術と文化も与えてやってほしい」

良くも悪くも、李理事長はプラグマティストだ。話してみれば、そのことはよく理解できる。「苦労は報われなければならない」と、彼は強調する。

迷彩服の若者に「しごき」まがいの訓練をしていても、おそらく理事長自身はスパルタ教育の信奉者ではない。そうすることが研修生になったときの「利益」につながると信じているに過ぎないのだ。

「研修生が一生懸命に働けば、日本の経営者は喜んでくれる。研修生とその家族も幸せになることができる。そして地域はもっと豊かになる」

だから研修制度は素晴らしいのだと、李理事長は何度も繰り返した。

第二章　「日中のビジネス」が生んだ悲劇

八王子医療刑務所

二〇〇九年十二月二十五日。八王子駅（東京都）前の繁華街は、クリスマス商戦に浮かれていた。山積みされたケーキを捌《さば》くために売り子は声を張り上げ、聞き飽きたクリスマスソングがエンドレスで流れ続ける。まさかケーキの差し入れなど許されるわけもないので、悩んだ挙げ句、書店でバイク雑誌を何冊か購入した。今年のプレゼントは、これで決まりだ。ワンパターンだが仕方ない。何が欲しいのかと問えば、彼はいつも「バイクの本」と答えるのだから。

駅前の喧騒を逃れ、一〇分も歩けば、八王子医療刑務所の堅牢で無愛想なコンクリート塀が見えてくる。刑務所の門をくぐり、入り口で携帯電話とカバンをロッカーに預け、申請書に名前を書き込む。あとは狭くて暗い待合室で、呼び出しがかかるのを待つだけだ。

この刑務所に服役中の元研修生、崔紅義《ツイホンイー》（二九）とは、もう三年の付き合いになる。〇六年夏、崔は研修期間中に、研修生受け入れ団体の常務理事（当時六二）をナイフで殺害して逮捕された。いわゆる「木更津事件」の加害者である。翌年に懲役十七年を言い渡され、当初は北関東の一般刑務所に入っていたが、神経の衰弱が目立つようになったことで、〇八年末に医療刑務所へ移送された。私は彼が拘置所に収監されていたときから、月に一度の面会を続けている。

呼び出しを受けて面会室に入ると、空気孔のついた仕切りガラスの向こう側で、崔はいつも通りに、坊主頭を深々と下げてからパイプ椅子に腰掛けた。グレーの作業服に身を包んだ崔は、両手を膝の上に乗せ、少し背を丸めた姿勢で私の顔をのぞきこむ。

もう少しで今年も終わりだね――まずは挨拶代わりに声をかけると、崔はこくんと頷いた。その仕草と甘えたような表情は、実年齢よりもはるかに幼く見える。差し入れ用に買ったばかりのバイク雑誌を、ガラス越しに掲げた。崔は嬉しそうな笑みを浮かべ、「ありがとうございます」と頭を下げた。

崔はオートバイが大好きだ。映画「イージー・ライダー」に出てくるようなアメリカンタイプのオートバイの絵を描き（実に微細な筆致だった）、私に送ってきたこともある。便箋に描かれた絵の横に、「このオートバイは、どこにでも行くことができます」と書かれてあった。

おそらく、崔にとってオートバイとは、自由と飛躍のシンボルである。オートバイで疾走する自分自身を想像することで、展望のない不安から逃れているのだろう。オートバイの絵に添えられた「どこにでも行くことができます」という文言には、どこにも行くことのできない彼の悲しみが滲んでいる。

自殺未遂を繰り返した末に

「あっという間に三年が経《た》ったね。こうやって、時間なんてどんどん過ぎていくんだよ」

そう私が話しかけると、崔はふふと鼻で小さく笑い、「そうかもしれないですね」と応じた。言葉とは裏腹に、その表情には諦めと倦怠《けんたい》が色濃く浮かんでいた。

二〇代の若者にとって懲役十七年は、終身刑にも等しい、絶望的な長さに感じるに違いない。将来、多少刑期が短縮されるとしても、まだ出所の時期を計算するには早すぎる。

三年前、一審の千葉地方裁判所木更津支部で判決が下された際、私も含めた多くの関係者が控訴することを崔に勧めた。事件の状況を考えれば、懲役十七年は、あまりにも厳しすぎる判決だと思ったのだ。当然、崔もそれに応じるだろうという周囲の期待もむなしく、彼はあっさりと判決を受け入れた。

後の祭りとわかっていながら、「なぜ控訴しなかったのか」と怒り半分で問い詰めたこともある。崔は「控訴する理由が見つからない。私が悪いことをしたのは事実です」とそっけなく述べるだけだった。逮捕直後から、崔は事件のことを聞かれても「ごめんなさい」と謝るだけで、私や救援関係者に対しても弁解ひとつしてこなかった。

拘置所時代から、崔は私に何度か「死にたい」と漏らしては、自殺未遂を繰り返していた(鏡を割り、その破片で手首を切るなどした)。自傷行為が治まっても、今度は躁鬱《そううつ》の波が激しくなった。医療刑務所へ移送されたのは、そのせいである。

自らが犯した罪に苦しみ、将来に絶望し、獄中の崔は、生と死の境界線をよろめきながら歩いていているようでもあった。

崔が生まれ育った環境

事件直後、崔の両親を初めて取材したときのことを思い出した。中国の最北端、黒龍江省チチハル市の郊外。レンガと廃材を組み合わせただけの粗末な家が、崔の実家だった。板切れ一枚だけのドアを開け、来意を告げると、崔の母親はいまにも倒れそうな頼りない足取りで姿を見せた。そして顔をくしゃくしゃに歪め、涙をぽろぽろ流しながら、その場にうずくまった。そばにいた父親は困ったような表情を浮かべ、母親の背中を優しく撫で続けた。

崔紅義の実家のある、黒龍江省チチハル市郊外の貧困地区

うずくまったまま、母親は一枚の写真をポケットから取り出した。いつも持ち歩いているのだという、崔の出国直前に撮影した記念写真だった。崔と母親が、部屋の中で並んで座っている。崔は幼い子どものように母親に身体を寄せ、カメラに

向かってVサインを掲げていた。日本行きが、よほど嬉しかったのだろうか。崔の誇らしげな笑顔とVサインが、なんとも痛々しい。

崔紅義が生まれたのは一九八〇年である。すでに文化大革命も終わり、当時政権を握っていた鄧小平は、資本主義経済導入などの改革開放政策を推し進めていた。人々は人民服を脱ぎ捨て、毛沢東語録も部屋の隅に放り投げ、生活の豊かさを追い求めるようになった。そんな時代の空気を呼吸しながら、崔は育った。

とはいえ、他の多くの国民がそうであるように、崔とその家族は一貫して豊かさとは無縁に暮らしてきた。崔の両親は農業を営んでいた。わずかばかりの畑地でコーリャンとトウモロコシを栽培、出荷していた。この地域では一般的な貧農である。

地元の高校を中退した崔は当初、家計のために日銭の入るトラックの運転手、配管工などの仕事を転々とした。両親によれば、勉強のできる兄と弟を大学に行かせることが、一〇代半ばにして社会に出た理由だという。実際、崔の援助もあって、兄は医科系の大学へ、弟はコンピュータ関係の専門学校へ進学している。

「カネ質」――人身売買の世界

二十五歳になったとき、崔は研修生として日本へ渡ることを決める。「日本へ行けば三年間で四五〇万円を持ち帰ることができる」と、ブローカーに説得されたことが決め手となった。四五〇万円は、貧しい農民家庭において天文学的ともいえる大金だ。

出国にあたって、八万元（約一二〇万円）を、手数料・保証金として納めた。年収の一〇年分以上に当たる金額だ。これを捻出するために、崔家は、それまで持っていた畑地の使用権を売った。これによって父親は農業という仕事を失い、配管工に転身した。それでも必要額に遠く及ばず、残額はすべて借金でまかなった。

こうした法外ともいえる出国費用は、研修制度を歪める〝悪習〟だとして、指摘されることが多い。

研修生として日本へ渡るためには、現地の送り出し機関（労働者派遣会社）へ、前述した手数料と保証金を支払わなければならない。手数料には航空運賃の他、研修生募集業務を担当する現地ブローカーへのコミッション（報酬）なども含まれる。保証金は〝預かり金〟としての性格を持つが、問題なく研修・実習をまっとうし、帰国することが返却の条件となっている。これが後々まで研修生の手足を縛り、日本でいかに劣悪な労働条件を強いられようとも、黙って耐えるしかないといった意識を植え付ける。いわば人質ならぬ "カネ質" だ。そのほか、担保として自宅の権利書（房戸証）などを求められることも多い。

送り出し機関によって手数料や保証金の額は異なるが、通常、安くとも総額三〇万円。私の知る限りでいえば、総額二〇〇万円を支払わされた研修生もいる。

このような〝カネ質〟を取られていることを知ったうえで、あえて、研修生に過酷な労働を強いる経営者も少なくない。私は何人もの経営者から「言うことを聞かない研修生は『いますぐ中国へ送り返すぞ』と一喝するだけでおとなしくなる」といった言葉を聞かされた。経営者は〝カネ質〟の効果をよく理解しているのだ。こうなってくると、まさに人身売買の世界である。

事実、米国務省が毎年発表している「世界の人身売買の実態に関する報告書」では二〇〇七年度版から、日本の研修生・実習生問題が取り上げられている。報告書は研修・実習制度について「一部の外国人労働者は強制労働（forced labor）の状況にある」と指摘。研修制度が「人身売買の一形態」であるとの認識を示した。移民労働者への搾取が平然とおこなわれている米国が、他国の人権侵害に口出しできる立場にあるのか、とも思うが、この問題が国際的に認知されているという意味は大きい。

崔紅義が起こした事件にも、人身売買のひとつの要因である「出国費用問題」が背景として存在する。

崔の受け入れ先

二〇〇六年四月、崔は研修生として来日した。「僕は必ず稼いで帰ってくるから」と母親を抱きしめてから家を出たという。

崔を受け入れたのは社団法人・千葉県農業協会（本部・千葉市）。同協会は二〇〇〇年より研修生の受け入れ事業を始め、過去に約四〇〇人の中国人研修生を千葉県内の農家へ派遣していた。

崔が配属されたのは同県木更津市内の養豚場である。住み込みで豚の世話をするのが崔に任された仕事であった。養豚場の経営者は私の取材に対し、「（協会から）中国人をパート感覚で雇ってみてはどうかと説得された。人手不足でもあったし、何よりも低賃金で雇えることが魅力だった」と、研修生受け入れの理由を話している。

養豚場の作業は重労働だ。それまで何度もパートで人を雇ったこともあったが、長続きした者はいなかったという。ここ数年は、七〇歳を間近に控えた老夫婦だけで、日々の仕事をこなしていかざるを得なかった。力仕事に限界も感じ始めていたところへ、研修生受け入れの話が持ち込まれたのだ。「低賃金」でもかまわないという若い働き手の出現は、確かに「魅力」であったに違いない。

〝強制労働〟と呼ばれる所以

ちなみに協会が定めた研修生の雇用条件は次の通りだ。

・月額の報酬は六万五〇〇〇円。
・報酬は全額、貯金する。
・報酬とは別に、食費補助の名目で五〇〇〇円を現金で支給する。
・一週間の労働時間は四〇時間。残業したら時給四五〇円を払う。
・残業代は月額報酬とは別の口座に振り込む。
・休日は週に一日。
・通帳と印鑑、キャッシュカードは経営者が預かり、必要に応じて現金を手渡す。

パスポートも経営者が保管する。

いまどきフルタイムで働いて六万五〇〇〇円の月給など、どんな職種であっても、法令上はもちろんのこと、社会通念上も認められるわけがない。しかも現金支給されるのは、わずかに五〇〇〇円の食費だけだ。しかし研修生という制度に組み込まれると、それがあたかも認められているかのようになってしまう（後述するが、研修生は労働者ではないので労働法の適用範囲外であると主張する者も多い）。

残業代の時給も、千葉県が定めた最低賃金（当時は時給六八七円）を大幅に下回る。しかも残業に関しては労働基準法により、通常時給の二十五％増しの支給が定められているはずだが、その配慮もまったく見られない。さらに残業代の別口座への振込みが指示されているのは、「出入国管理及び難民認定法」（以後、入管法と略す）により、研修生という資格での時間外労働が認められていないからである。入管の立ち入り調査で通帳や給与明細に残業代支給の痕跡が残されていた場合、〝資格外〟の残業がバレてしまう。あえて別口座をつくり、入管の目をごまかそうとしているのだ。これらは崔が働いていた養豚場に限らず、日本全国の多くの受け入れ機関が、各企業へ当たり前のように指示していることでもある。

また、パスポートや通帳を経営者が預かることも、もはや慣例となっている（制度上、禁止されているにもかかわらず）。名目は「逃亡防止」だ。過酷な労働現場から逃げ出す研修生・実習生がいることは事実だ。研修生・実習生には転職の自由がないので、仕事や職場がいやならば、結果として逃亡という手段を選ぶしかない。そうしたことを最小限に抑えるため、わざわざ給与を強制的に貯金させ、しかも通帳、印鑑、キャッシュカード、パスポートを研修生の手から取り上げているのだ。「強制労働」と呼ばれる所以《ゆえん》がそこにある。

少なくとも崔にとって、刑務所の外にいたときから「どこにでも行く」ことはできなかった。それでも崔は当初こそ、経営者の〝期待通り〟に働いた。養豚場の経営者も「（崔は）仕事を覚えようと一生懸命だった。もともと働き者だったんだろう。遅刻も欠勤もなく、しばらくはいやな顔ひとつしないで働いていた」と証言している。たったひとりの〝若手〟として、彼は約一四〇〇頭の豚の世話に追われた。

「直訴」の波紋

とはいえ、出国前に「大金を稼ぐことができる」とブローカーに吹き込まれている以上、当然、待遇に不満を感じるようになる。毎月五〇〇〇円の現金支給や時給四五〇円の残業では、「大金」への道のりに疑問を抱くのも当然だ。このままでは出国のために負った借金の返済すらできないのではないかと思った――と、崔は述懐している。

研修生活四ヶ月目、崔は経営者に待遇改善を訴えた。その頃はまだ、たどたどしかった日本語で、給与を上げるか、より給与の高い別の職場へ移してくれるよう頼み込んだのだ。しかし「無理だ」の一言で彼の願いは一蹴される。絶望した崔は「ならば自分を殺してください」と、台所にあった包丁を経営者に差し出した。結局、経営者になだめられて、その場はなんとか収まったが、この行為が崔にさらなる絶望を与える端緒となった。

経営者から崔の〝直訴〟という報告を受けた千葉県農業協会の常務理事は、その瞬間に「研修生として不適格」であると判断を下してしまうのである。常務理事と経営者は合議の上、崔を「強制帰国」させることに決めた。

珍しい話ではない。トラブルの拡大や、ひとりの研修生の不満が他の研修生へも広がることを恐れる受け入れ側は、芽は小さなうちに刈り取れとばかり、摩擦が生じると同時に、「強制帰国」なる処分を下すケースが多い。

事件へ――

同年八月十八日、常務理事と、協会の嘱託職員である中国人の女性通訳、男性専門指導員の三人が、崔を帰国させるために養豚場を訪れた。崔は事前に何も知らされていなかった。黙って車に乗せ、成田空港へ直行するというのが、協会側のシナリオだった。

「出かけるから荷物を持って車に乗れ」と常務理事に促された崔は、それを違う農場への〝異動〟だと思い込み、素直に自室の荷物をまとめた。待遇改善を訴えた自分の気持ちが通じたのだと、悲しい誤解をしたのである。

ところが車に乗り込む寸前、様子がおかしいことに気がつく。中国人の女性通訳が、調味料を車の中に積み込もうとしている崔に対し、「飛行機の中に液体の入った瓶は持ち込めない」と、口をすべらせてしまったのである。

このとき、崔は自分が騙されていることを悟った。

「中国へ帰すつもりだろう。車には乗りたくない。どこにも行かない」

崔は大声で叫びながら、車に乗ることを拒んだ。

「いいから黙って乗れ」と崔の腕を引っ張ったのは常務理事である。

「イヤだ」

「言うことを聞け」

そうしたやり取りのなかで、常務理事と崔が、もみあいとなった。

身体を押さえつけ、力ずくで車の中に押し込もうとする常務理事に対し崔は必死で抵抗した。まだ日本に来てから四ヶ月である。いま、ここで帰国させられてしまえば、残されるのは出国費用に充てた莫大な借金だけだ。実家の家計を助けるために日本へ渡ったのに、これでは家計の破綻を招いてしまうことになる。研修生となるために、実家は畑地まで売却しているのだ。

この時点で、崔は混乱の極みに達していた。自分を押さえつける常務理事の手を振り払い、近くの納屋に飛び込むと、そこにあったナイフを持ち出してきた。裁判では、「強制帰国から逃れるため、ナイフで常務理事らを脅かそうとした」と崔は証言している。

しかし再びもみあうなかで、崔の手にしたナイフは専門指導員と女性通訳の腕を切りつけ、さらに常務理事の腹部に食い込んだ。

血を流し、倒れこんだ常務理事の姿を見て、崔は深刻な事態を招いたことに動転する。納屋に駆け込むと、置かれていた農薬を一気に飲み干し、自殺を図ったのである。運び込まれた病院の一室で意識を取り戻した崔は、居合わせた警察官から常務理事の死亡を知らされ、殺人および殺人未遂容疑で逮捕された。

これが事件のあらましである。

醜悪な事件の内実

事件後、私は中国へ飛んだ。そこでさらに、醜悪ともいえる事件の内実を見ることになる。

前述したように、崔は出国費用として八万元もの大金を支払っていた。しかし関係者への取材を重ね、金の流れを追ってみると、意外なことが判明した。八万元を受け取ったのは、崔を日本へ派遣した送り出し機関「黒龍江省糧油公司」ではなく、亡くなった常務理事と、軽傷を負った女性通訳がチチハル市内に設立した現地法人だったのだ。この二人は、現地で研修生を募集するためのブローカー会社と訓練学校を運営していたのである。つまり、「日本で稼がないか」と崔を勧誘したブローカーとは、この女性通訳であり、崔が出国前に入学した訓練学校も、彼女と常務理事が経営するものだった。

実は男女関係にあった二人は、研修生志望者から出国費用を受け取り、その中から事務手数料として研修生一人につき一五〇〇元のみを「黒龍江省糧油公司」へ納めていた。中国では政府認可の送り出し機関でなければ、労働者を海外へ派遣することができない。そこで常務理事らは、実際の募集・送り出し業務を請負いながらも、出国に必要な書類へのサインだけを政府認可の「黒龍江省糧油公司」へ任せていたのである。一五〇〇元の手数料は、サイン代というよりも〝ショバ代〟みたいなものだった。

出国費用の大半は、常務理事と女性通訳の「収入」となっていた。

だからこそ、二人は相当に羽振りが良かった。彼らは中国国内でレストランやスーパーマーケットを経営していた。日本国内でも一時期、常務理事はスナック経営に関わっている。

それだけではない。

二人は日本でも研修生の「受け入れ教育」を目的とする会社を設立し、自らが役員を務める受け入れ機関「千葉県農業協会」から手数料を受け取っていたことも判明した。協会では研修生配属先の農家から、渡航費や事前教育費として、研修生一人あたり五〇万円を徴収していた。そのうちの一部が、二人の設立した会社へ流れていたのである。研修生が出国前に支払った手数料の名目は「渡航費・事前研修費など」となっている。つまり、研修生と農家の双方から二重取りしていたことになる。研修事業は、日中両国を股にかけたビジネスとして機能していたのだ。

崔は単なる金儲けの道具

しかし、取材によってこうした事実が明らかとなっても、件《くだん》の女性通訳は「ビジネスとして正当な報酬を得ていただけ。実権は（亡くなった）常務理事が握っていたので、詳しいことは知らない」と答えるにとどまった。

また、中国ハルビンに本部を置く「黒龍江省糧油公司」の担当者は詳細な説明を拒むばかりか、「そんなことを調べてどうするのか。帰ってくれ」と私を同公司のビルから追い出した。現地の監督官庁である黒龍江省商務庁も、「その件については答える必要がない」と、そっけない対応をするばかりだった。

亡くなった常務理事と中国側機関の双方を知る立場の関係者は、こっそりと打ち明ける。

「研修生が支払った出国費用を原資とした賄賂が、関係機関の間を動いている。こちらでは常識です」

なお、千葉県農業協会だけは「研修事業は常務理事と通訳に牛耳られ、治外法権のような存在だった。何のチェック機能もなかったことに責任を感じている」と、管理面で問題があったことを認めた。

崔自身は知る由もなかったが、彼は金儲けの道具に過ぎなかった。人材育成、技術移転、国際交流といった研修・実習制度の目的など、単なる建前でしかない。劣悪な待遇と強制帰国、そして研修ビジネス――事件の背景には、制度の歪《いびつ》な運営実態があった。むろん、いかなる理由があろうとも、崔の犯した行為は許されない。事件直後、亡くなった常務理事の長男（三五）は、「ひとりの人間が死んだという事実を重く受け止めてほしい」と私に訴えた。その言葉を私は忘れない。

研修制度が発した悲鳴

同時に、背景を見ずして、この事件を語ることができないのも事実だ。

新聞記事で事件を知り、「恐れていた事態が起きてしまった」と口にしたのは、外国人労働者問題のエキスパートである全統一労働組合（本部・東京）の鳥井一平書記長だ（※現在は「移住労働者と連帯する全国ネットワーク」代表理事）。鳥井は、「悔しくて、思わず歯軋《はぎし》りした」という。

鳥井が書記長を務める全統一労働組合は早くから外国人労働者の支援に熱心で、一九九二年には外国人労働者分会を結成している。当初は南アジア、アフリカ出身の労働者が分会の中心だったが、現在は中国人研修生からの相談が、ひっきりなしに寄せられている。全統一労組は、いわば研修生の駆け込み寺だ。

低賃金、給与未払い、長時間労働、パスポートや預金通帳の取り上げ、さらには経営者によるセクハラや暴力など、研修生らが訴える〝被害〟は、どれもが深刻な内容だ。鳥井によれば「労働問題というよりも人権問題といったほうがよいものばかり。いつ何が起きてもおかしくない状況だった」という。

そうしたなかで、事件が発生した。

「木更津で起きた事件は、研修制度そのものから発せられた悲鳴のように聞こえた。こうした状況を改善できなかった我々の責任も大きいのではないかと思った」

研修生の待遇だけではなく、鳥井には以前から気になっていることがあった。他の外国人労働者とは違い、研修生らは実に重苦しい雰囲気を身にまとっていたことである。

「研修生は、良くも悪くも生真面目なタイプが多い。自由でアッケラカンとした外国人労働者特有の雰囲気には遠く、常に不安と怯《おび》えを漂わせ、悲痛な顔をしている者が多い」

日本に滞在する外国人労働者の多くが、〝出稼ぎ〟に来たことへの後悔や迷いを見せず、ときには超過滞在者として逃げ切ってまで働き続けようとするのに対し、研修生の多くは何かを言い澱み、開き直って逃げることにも躊躇《ちゅうちょ》を見せる。それは様々な制約によって自由を奪われ、逃げ道すら塞がれた研修生の置かれた境遇によるものだ。

何のための研修か

その一方、とことん開き直っているようにも見えるのは、研修ビジネスに関わる者たちのほうである。送り出し機関も受け入れ機関も、研修・実習制度の本来の意味など初めから知らなかったかのような顔をして、露骨な宣伝を展開している。ネット上や宣伝パンフレットでは、次のようなコピーがあふれている。

「コストダウンの切り札として研修生を！」「あなたの会社の人件費削減に協力しま

す」「低コストで優秀な人材を提供」「人手不足を解消」「若い労働力を活用しませんか」――。

人件費削減、低コストといった、誘引力のある文言を並べ立てることは必須条件なのだろう。国際交流をビジネスに転化していることへの躊躇や恥じらいなど微塵《みじん》もない。

殺人を犯した崔紅義の〝働かせ方〟を振り返ってみても、それは明白だ。借金して日本へ渡り、毎月五〇〇〇円の現金しか支給されず、相談できる相手も、友人も存在せず、毎日豚の世話に追われていた崔の日常の、どこに国際交流があったのか。どんな技術移転が期待できたのか。そもそも何を学ぶための研修だったのか。

千葉地裁木更津支部が崔に懲役十七年の判決を下したのは二〇〇七年七月十九日である。同地裁は判決文のなかで、研修制度について次のように触れている。

「研修制度の実情については、研修生側、受け入れする側及びあっせんする側については、それぞれ制度の目的を逸脱した運用をしているのではないかという疑いをぬぐい切れない。それらが本件犯行の背景ないし遠因にあるとすれば、研修制度を運用する関係者は、これらについて深く考慮に入れる必要があるというべきである」

ただし犯行そのものについては「計画性はなく衝動的」であったとしながらも、殺意を否定する崔の主張を却下し、「殺意は優に是認することができる」とした。

判決が言い渡されたとき、崔はほとんど表情を変えなかった。そのころから自殺未遂を繰り返すほどに絶望していた彼にとって、刑期の長短などどうでもよかったのかもしれない。

法廷では、その日のために中国から来日した崔の両親だけが声を押し殺して泣いていた。

両親はその足で亡くなった常務理事が眠る墓に向かい、地面に頭をこすりつけながら我が子の罪を詫びた。両親は「常務理事の遺族にも会って詫びたい」と願ったが、前出の長男はそれを拒んだ。ただし、「(崔の)両親も苦しんでいるんでしょうね。わざわざ墓前まで足を運んでくれたことには感謝すると伝えてください」と私に電話してきた。

その言葉を崔の両親に伝えると、母親は両手で顔を覆い、号泣した。

第三章　研修・実習制度とは何か

研修生受け入れの歴史過程

わが国が海外から研修生を受け入れるようになったのは一九五〇年代後半である。その頃はまだ、制度として確立されたものは何も存在しなかった。

ちょうど日本企業がアジア各国を中心に海外進出を始めたばかりの時期だ。進出先の現地法人や工場で働く現地の労働者を日本へ招き、必要な知識や技術を取得させるための研修を実施したことがそもそもの始まりだった。当然、独自に海外から人材を招くことのできる資力を持つのは大企業に限られていた。あくまでも自社の人材育成という考え方が基本にあった。

七〇年代に入ってから日本人の賃金が高騰していくなか、その頃から一部企業による「研修に名を借りた就労」が少しずつ問題として浮上するようになる。

その後、一九八一年に、研修目的で来日した者の在留資格が「留学生の一形態」として位置づけられるようになる。研修生は「国際交流」と「学ぶ」ことが目的であり、いうなれば企業留学のような形式として認知されたのだ。

一九九〇年、入管法の改正によって研修生は「留学生の一形態」から独立して、新たに「研修」という在留資格に組み込まれた。「国際交流」や「学ぶ」目的であることは変わらず、そのため入管法では、研修生が従事する作業は単純作業ではないこと、帰国後は日本で研修した技術を必要とする仕事に就くことなどが要件として定められた。

さらにこの年、それまで企業が個別に研修生を受け入れてきた「企業単独型」に加え、協同組合や地域の商工会などの企業団体が研修生を受け入れ、それを傘下の中小企業に振り分けて派遣する「団体監理型」が認められるようになった。前出の千葉県農業協会による研修生受け入れも、「団体監理型」によるものだ。これによって、海外にパイプを持たない中小・零細企業であっても、受け入れ機関（※現在の監理団体）を通して研修生を雇用することが可能となった。

このことがきっかけとなり、かつて大企業の自社研修としてスタートした研修制度は一気に裾野を広げていく。全国各地で研修生受け入れだけを目的とした協同組合など受け入れ機関の設立が相次いだ。とりわけ目立ったのは、農業、水産業、畜産業、縫製、食品加工などの〝不況業種〟である。いわゆる〝3K職場〟とも呼ばれるこれら業種は、人件費削減を迫られ、且つ人材不足にも悩まされていた。これを解決する手段として、研修生活用に動いていくのである。国が意図する「国際交流」や「学ぶ」目的は、徐々に有名無実となった。

抜け道と規制緩和

日本政府は一貫して、日系人など例外を除き、特別な技術を持たない単純労働者を海外から受け入れないといった方針を堅持している。日本人の雇用機会が奪われるというのが、その理由だ。わが国には「移民」「移住労働者」なる概念はないし、制度上、そうした人々が存在してはいけないことになっている。よって、こうした政府の基本方針を崩すことなく、単純労働者を確保する方法として、研修制度が重宝されていく。言い換えれば、一種の「抜け道」である。

制度はさらに規制緩和を進め、九三年に経済界の要望に応える形で技能実習制度が生まれる。これは一年間の研修を終えた後、必要な試験に合格すれば、技能実習生としてさらなる就労が可能となるものだ。技能実習は当初、一年間という期限であったが、九七年からは二年間に延長された。これによって、研修生一年、実習生二年として、最大三年間の滞在が認められるようになった。

研修生と実習生の違いは、労働者性が認められるか否か、といった点にある。研修生はあくまでも「国際交流」「学ぶ」ことが目的である以上、労働者性が認められない。そのため、実態はともかくとして、労働基準法の適用範囲外にある。一方、実習生は「労働を通じて実践的に技術を習得」することが目的なので、労働者として位置づけられる。当然、労働基準法の適用範囲だ。

しかし、受け入れ職場において、その境界は曖昧だ。「学ぶ」はずの研修生が単純作業を強いられているのが実情であり、労働者であるはずの実習生も、労働基準法を無視した条件で働かされているケースがほとんどだ。よって、本書でも研修生・実習生を総称して「研修生」と表記する場合がある。

圧倒的多数を占める中国人

現在、日本に滞在している研修生・実習生は約二〇万人。二〇〇〇年までは、毎年平均五万人の研修生が入国していたが、その後上昇傾向が続き、〇八年には約一〇万人もの研修生が来日している。

研修生の送り出し国は、アジア、アフリカ、南米など多岐にわたるが、人数として圧倒的に多いのは中国だ（全体の約七割）。以下、ベトナム、インドネシア、フィリピンと続く。

中国は文革以降、外貨獲得のため積極的に海外への労働者輸出をおこなっているといった事情がある。また、ある受け入れ機関の担当者は次のように説明する。

「多くの国から研修生を受け入れてきたが、日本人にとって中国人が一番、使いやすい。気候、文化、宗教、生活習慣といった点で、中国がもっとも日本に近い国であるからだ。さらに言えば、企業への忠誠心、従順性といった部分も、中国人が一番だ」

これは民族性というよりも、「経営者には忠実であるべき」とする中国の〝教育の成果〟によるものではないか、とも思う。日本で働くための心構えとして「忍耐と根性」を強調していたのは、前出の「新県渉外職業技術学院」李理事長だった。

なお、一九九一年には、研修生受け入れの支援・監督を主業務とする政府関係機関、財団法人・国際研修協力機構（JITCO　※二〇二〇年より国際人材協力機構）が設立されている。JITCOは研修生の入国・在留手続きの申請代行のほか、送り出し国政府との連絡調整、国内受け入れ機関の評価・認定なども担っている。本来であればJITCOが身体を張ってでも不当・不法な研修現場の人権侵害と闘わなければならないはずだが、こうした問題についてJITCOの役割を評価する関係者は少ない。外務、法務、国土交通、農林水産、厚生労働など関係各省の「単なる天下り機関以上の意味はない」と吐き捨てるように話す関係者もいるほどだ。

もちろん、何もしていないわけではない。事業が円滑に実施されているかどうか、受け入れ企業を職員が定期的に巡回するなどして〝経営チェック〟するのもJITCOの仕事の一つだ。各地の担当者は受け入れ企業への訪問を欠かさない。ただし、巡回調査といっても、JITCOには強制的な権限はない。帳簿に目を通し、寮や労働現場を視察するだけで精一杯である。しかも企業へは事前連絡したうえで訪問しているのだから、実態把握は難しい。そうしたことから、研修制度にも関心を持つ労組や市民団体からは〝役立たずのJITCO〟を廃止し、より責任のある監督機関の設立を求める声が強い。

関係各省によって現在、研修制度の改革議論が進んでいる。これについては別の章で触れる。

初めての取材現場で

私が初めて研修生問題を取材したのは、二〇〇五年暮れのことだった。全統一労働組合書記長の鳥井から、岐阜県内の縫製業界で働く研修生・実習生の間で労働問題や人権侵害が多発していることを聞いたのが発端だった。

2005年に取材で初めて訪れた、岐阜県内にある実習生の寮

雪の降る夜、私は岐阜市郊外の縫製工場を訪ねた。すでに時計の針は十二時近くを指していた。事前に実習生へ連絡した際、経営者が寝静まった時間帯に来てほしいと伝えられたからだ。記者と会っているところを経営者に見られたくないということだった。

レンタカーを離れた場所に停め、忍び足で工場に隣接する実習生たちの寮へ近づいた。周囲に音が響かないよう、細心の注意を払ってドアを叩くと、部屋の中から怯えた表情の女性たちが姿を見せた。

いまにも崩れ落ちそうな古い木造平屋建ての寮は、食卓が置かれたダイニングキッチンと、寝室だけの小さな間取りだった。ここに六人の実習生が住んでいる。寝室には二段ベッドが人数分、並んでいた。それにしても寒い。家の中には暖房設備が何もなかった。すきま風が入り込み、吐く息も白い。六人の女性たちは全員がダウンジャケットを着ていた。

「寒いでしょう。お茶、飲むといいです」

厚着をしたまま食事をする実習生

彼女たちは中国茶を淹れて私に勧めた。
聞けば、寝るときも同じ格好なのだそう。薄い布団だけでは寒さをしのぐことができないのだと彼女たちは訴えた。全員のベッド脇に、空のペットボトルが転がっていた。ダウンジャケットを着こんでも寒さに耐えられないときは、ペットボトルに湯を入れて、湯たんぽ代わりに抱えてベッドへ入るという。
六人は全員が中国東北部、山東省の小さな町の出身だった。地元の縫製工場で働いていた彼女たちは「先進技術を学ぶことができる」「日本人と同じ額の給与が支払われる」とブローカーに吹き込まれ、手数料として請求された六万元（約九〇万円）を借金で工面し、さらに自宅の権利書を送り出し機関へ預けて〇二年に来日した。

ブローカーの話がでまかせであったことは、来日してすぐに悟った。配属された縫製工場には古いミシンが並んでいるだけで、「先進技術」などどこにも見当たらなかった。ミシンで婦人服を縫い上げる仕事は、経験者である彼女たちにとっては、手馴れた単純作業でしかない。朝七時から夜一〇時まで、ずっとミシンを踏み続けた。休日は月に一日のみ。夜間外出も外泊も禁止されていた。

研修生として来日してからずっと、毎月の基本給は五万円。そのうち三万五〇〇〇円は強制的に貯金させられ、生活費として現金支給されるのは残額の一万五〇〇〇円だ。残業手当は実習生時代、時給三〇〇円。研修生時代は二〇〇円だった。

「あまりにひどい」と、彼女たちは涙ながらに訴えた。

まるで「女工哀史」の世界である。

「みんな、やっていることじゃないか」

国際交流として国の運営下にある研修制度が、まるで奴隷労働のように利用されていることを知り、私はショックを受けた。彼女たちが、それでもこうした生活に耐えてきたのは「逃げることもできない」からだという。「パスポートも預金通帳も、社長さんに取り上げられた。文句を言えば『中国に送り返す』と脅された」

ときおりJITCOの指導員や入国管理局の担当者が、工場へ立ち入り調査に訪れることがあった。そのたびに彼女たちは「給与は月額十二万円。残業はありません」と調査担当者に答えた。そのように答えなければ「逮捕されて中国に送り返される」と経営者に脅されていたのだ。

後に判明したことだが、工場が調査担当者に見せていた賃金台帳や給与明細にも、実習生の給与はすべて「月額十二万円」と記されてあった。〝立ち入り調査対策〟である。経営者は裏と表の帳簿を使い分けていたのだ。さらに〝立ち入り調査対策〟の給与明細では、健康保険料や雇用保険料、年金保険料などが給与から差し引かれていたが、実際、すべての社会保険には無加入だった。

経営者は私の取材に対し「みんな、やっていることじゃないか。いったい何が悪いのか」と突き放すように話した。

残業時給はどこも三〇〇円

実際、「みんな、やっていること」だけは、ウソでなかった。取材を進めていくなかで、岐阜県内の縫製業界では、研修生に対して低賃金・長時間労働が当たり前のように強いられていることがわかった。しかも、まるで申し合わせたかのように残業時給は三〇〇円だった。

別の縫製工場の経営者にそのことを指摘すると、「中国人にも、ちゃんと給与を払わないといかんの？」と怪訝《けげん》な表情をされた。そのうえ「もしも、中国人にマトモな給与を払ったら、研修制度の意味がないでしょう？」と詰め寄られた。意味を取り違えているのは、この経営者のほうである。中国人にマトモな給与を払わなくてもよい、とする決まりなど、どこにもない。

これは、県内の複数の受け入れ機関（協同組合）が、研修制度の意味や、雇用者の責任を説明することなく、企業へ研修生を派遣しているからである。さらに受け入れ機関は研修生の待遇に関して企業間でバラつきがでないように、違法な給与水準から就業規則までをも、傘下企業へ〝指南〟していた。ある縫製業者が打ち明ける。

「協同組合からは、決められた賃金以上のものを研修生に払ってはいけないと指示されました。一社でも突出した待遇だと、他社の研修生が動揺するから、というのがその理由だそうです」

企業は協同組合の指示に従い、〝安上がりな労働者〟として、研修生を酷使していたのである。

なお、前述した六名の女性実習生はその後、全統一労組の鳥井らによって〝救出〟され、団体交渉などを経て、未払い賃金の一部を取り返し、無事に帰国することができた。当初、経営者や、この縫製工場が加盟する協同組合は労組の介入に激怒し、暴力団まがいの人物まで登場させて実習生や鳥井を脅した。だが、名うての労働オルグとして知られる鳥井にとって、その手の〝力勝負〟は慣れたものである。相手が啖呵を切れば、啖呵を切り返し、最後には地元労働基準監督署など行政にも要請行動を繰り返したことで、経営者らは自らの非を認めざるを得なくなった。

氷山の一角

それでも鳥井は「もぐら叩きのようなものだ」と冷静に答える。

「確かに研修生からの相談が相次いでいるが、それでも全体の数から考えれば、ほんの一部。それらをひとつひとつ解決しても、次から次へと新たな問題が飛び込んでくる。しかも圧倒的に多くの研修生は、強制帰国という脅しの前で沈黙しているのが現状。下手に逆らって、送り出し機関に預けた保証金を没収されてしまう恐れもある。騙されているとわかっていても、何も言えないケースがほとんどだ。そもそも、どこかへ告発したくとも、その方法や手段を知らない研修生が大多数ではないのか」

研修生受け入れ企業の間では、研修生に携帯電話とパソコンの所持を禁じているところが少なくない。情報を遮断し、外部と連絡できないようにすることで、労組などの介入を防いでいるのだ。ある協同組合の役員は次のように話す。

「研修生に携帯電話やパソコンを持たせると、ろくなことにならない。労基署や労組の存在を知ることだけが、ダメだっていうわけじゃない。おかしな求人情報に引っかかり、職場から逃亡する者も出てくるだろう。実際、そうした例は多い。我々が携帯電話などを禁じているのは、研修生の安全を守るためでもあるのです」

むろん、その理屈が本当に「研修生のため」であるのかは疑わしい。「逃亡」を防ぎたいのであれば、まずは逃亡されないような労働条件の整備に努めるべきである。この協同組合でも常識外れの賃金を研修生に強いているのだから説得力がない。「時給三〇〇円」であれば、誰であっても逃げたくなる。そもそも、厳しい労働を押し付けていながら、まるで労働者扱いしていないことが問題なのだ。だいたい、日本人が働く職場で、携帯電話やパソコンを社員に禁じたり、夜間外出や外泊を禁じているところがあるだろうか。

「私たち、人間じゃないみたいでしょう」

二〇〇九年夏、東北地方で研修生受け入れをしている協同組合で、定例会議がおこなわれた。その議事録を、私は関係者より入手した。議事録には「近年の研修生の動向」として、次のように記されている。

・最近の研修生の資質が落ちた。以前はもっと謙虚な考え方を持っていた。

・なにか問題が生じると、一部の研修生は入管や労働基準監督署の名前を持ち出すようになった。これでは、経営者は安心して仕事ができない。

こうした議論が出るところに、研修生を労働者扱いしない姿勢が表れている。どんな待遇を強いられても、研修生は「謙虚」でなければいけないのか。不満を漏らさず、経営者を「安心」させる存在でなければいけないのか。それでは奴隷と同じだ。岐阜の縫製工場で働いていた六名の女性実習生は、あの晩、私に向かって「人間じゃないみたいでしょう」と訴えた。

その言葉が、いまでも頭から離れない。

なお、厚生労働省によると、研修生・実習生を違法に働かせているとして、〇八年、労働基準監督署から指導を受けた企業は、全国で一八九〇社に上った。これは、その前年に続いて二年連続で過去最悪の水準である。

もちろん、あくまでも「発覚」したケースであり、これもまた「氷山の一角」に過ぎないであろう。二重帳簿や研修生に対する「口止め」、圧力などで、多くの法令違反は隠されたままである。むしろ、そうした状況のなかで、よくも一八九〇の「違法」を確認できたものだと、感心すべきなのかもしれない。

〝人買いツアー〟

協同組合とは本来、中小・零細企業が連帯し、業界全体の地位向上を目指すための非営利組織である。協同組合の国際的組織、国際協同組合同盟（本部・スイス）では、

《協同組合は、共同で所有し民主的に管理する事業体を通じ、共通の経済的・社会的・文化的ニーズと願いを満たすために自発的に手を結んだ人々の自治的な組織である》と定義している。

しかし、わが国で「団体監理型」が認められて以降、研修生受け入れのためだけに設立された協同組合の多くは、高邁な理念とは無縁に、ビジネスとしての研修事業を進めている。

こうした協同組合の収入源は、研修生を派遣した企業から徴収する管理費だ。関東地方で、かつて協同組合の役員を務めたことがある男性は、次のように説明する。

「毎月、研修生一人当たり、三万円ほどを企業から徴収する組合が多い。一〇〇人や二〇〇人、研修生を派遣していれば、それだけで相当な収入となります。その他、事前研修費などの名目で、派遣時に数十万円を徴収する場合もある。専従の事務職員など一人か二人で十分ですし、あとは非常勤の通訳を抱えるだけです。手っ取り早く儲けるために協同組合を設立する者は少なくありません。基本的に、ほとんど元手はかからない。手間のかかることといえば、定期的に送り出し国へ出かけ、現地の送り出し機関から研修生を引き連れてくることだけです」

研修生受け入れのために中国へ出かける際も、その旅費を傘下企業へ押し付けている協同組合も存在する。別の関係者が言う。

「毎年一回、協同組合が主催して、中国へのツアーが組まれます。ツアー代金の一部は、当然、同行する協同組合担当者の旅費に回されています。参加した企業は、そこで研修生を〝選び〟、日本に連れて帰ります。見方によっては、〝人買い〟のツアーにもなるのでしょうが……」

ツアーに参加した経営者は、送り出し機関が用意した会場で、大勢の研修生〝候補者〟のなかから、必要だと思われる人材を指名する。通常は実技試験や面接を通して、人材を選ぶことになるが、候補者が女性の場合、容姿で判断する経営者も珍しくないという。

「このコは可愛いとか、スタイルがいいとか、そんな軽口を叩きながら研修生を選ぶ経営者も、けっこういます。面接会場が、まるで〝置屋〟のような雰囲気になりかねない。そんなときは、さすがに送り出し機関の担当者が露骨に嫌な顔を見せることもあります」

集団で「女を世話しろ」

余談ではあるが、私が中国取材でよく世話になっているハルビン在住の通訳（中国人男性）は、こうしたツアーの通訳も頼まれることが多い。彼が、呆れた表情で私に打ち明けたことがある。

「協同組合主催のツアーは、同行していてイヤになることが多い。彼らは大概、夕食の後は『女を世話しろ』と言ってくる。ひとりでこっそりと〝買う〟のならばまだよいが、集団で要求するのだから目立ってしかたない。まるで買春ツアーだ。そうした連中が女性研修生を連れて帰るのを目にすると、心配でたまらない」

女性研修生に対するセクハラが絶えないのも、こうした不謹慎な連中が存在するからであろう。

誤解のないようにいえば、すべての協同組合がそうであるというわけではない。労働基準法の厳守を企業に指示し、法令違反に目を光らせているある協同組合の理事長は、「悪質な協同組合は、徹底的に取り締まるべきだ」と憤る。この協同組合は研修生の日本語教育に熱心で、「賃金以外の財産を持ち帰ってもらう」ことを方針に掲げている。もちろん、携帯電話やパソコン所持を禁ずるといったバカな規則もない。宣伝臭くなるのであえて名前を挙げないが、本来の研修制度を理解した、まっとうな協同組合である。しかし、その理事長も、こう付け加えるのであった。

「残念ながら、我々のような協同組合は少数派であることを認めなければならない」

責任を棚上げする代表者たち

協同組合の代表者は、主に、その業界の出身者が多い。たとえば縫製業界であれば、長きにわたって研修生を雇用してきた経営者が、研修ビジネスのシステムを覚えていくなかで、自ら「派遣する側」へと転進するケースだ。もちろん、異業種から転進して協同組合の設立に関わる者も少なくない。外事関係の警察官、暴力団関係者といった経歴を持つ者もいる。

ただし、私がもっとも許せないと思うのは、劣悪な労働条件を強いている協同組合の代表が、労働組合出身者であるといったケースだ。

岐阜県のある大手の協同組合は、元社会党代議士で、一時期は地元労働組合の委員長も務めた人物が理事長に収まっている。この協同組合の傘下企業では、過去に何度も労働基準法違反の事例が明らかとなっている。しかし労働運動出身の理事長は「企業が勝手にやったこと」だと自らの責任を棚上げし、しかも「協同組合は中小・零細企業を守るために存在するのだ」と、研修生保護の姿勢を見せなかった。

この理事長が、若い頃の軍隊経験をもとに反戦活動家となり、かつては未組織労働者のために奔走したこともあるといった経歴に、私は敬意を抱いている。しかし労働者を守るために半生を労働運動に費やした人間が、なぜに「時給三〇〇円の労働者」を放置してきたのか。現在の彼の〝立ち位置〟が、私にはまったく理解できない。

労働運動出身者といえば、日本有数の研修生受け入れ機関である日中技能者交流センターの元会長で、現在は顧問を務める槙枝元文（※二〇一〇年死去）を挙げなくてはならない。〝ミスター日教組〟とも呼ばれ、八〇年代には総評議長をも経験した、あの槙枝である。

槙枝が創設し、現在も役員のほとんどが労組関係者で占められる同センターは、「団体監理型」の草分けともいえる存在で、これまで一万人近くもの研修生を中国から受け入れてきた。しかしご多分に漏れず、これまでにも最低賃金法違反、長時間労働、強制帰国など、加盟企業で多くの問題が発生している。

研修生の支援団体である「外国人研修生権利ネットワーク」（本部・東京）では同センターに対し、「日本の労働運動のリーダーたちによって設立された団体で、労働権の侵害が起きている現状を看過するわけにはいかない」という要請書を提出したこともあるほどだ。

私は、あるパーティの席上で槙枝に遭遇し、研修生問題について問い質したことがある。しかし槙枝は「そういう話、よく知らないんですよ。何も問題がないとは言わないが、今後も制度は続けていかないと」と、まるで他人事のような物言いを返しただけだった。

露骨なピンハネ

協同組合のなかには、労働権の侵害どころか、泥棒まがいの悪事に手を染めるところもある。

「ピンハネしたカネを返せ」——。

元実習生の中国人男性（二六）が、実習生受け入れ機関に賃金の一部を着服されたとして、東京地裁に提訴したのは〇九年五月七日のことだ。訴えられたのは、「日中経済産業協同組合」（東京都渋谷区）の小渕成康代表理事。故小渕恵三元首相の甥（元首相の兄の長男）で、自民党代議士・小渕優子のいとこにもあたる人物だ。

訴状などによると、男性は二〇〇四年十一月に来日。同組合に加盟する金属加工会社（群馬県桐生市）で、当初は研修生として働いた。男性は来日前、研修期間中は月額五万円の手当てが支給されるとの説明を受けていたが、実際に支給されたのは約三万円に過ぎなかった。さらに来日二年目からは労働法が適用される技能実習生となったが、毎月十一万円支給されるはずの賃金も、やはり二万五〇〇〇円程度しか支給されなかった。実は、賃金の大半が同組合によってピンハネされていたのである。男性はこれら未払い分の賃金など、約二一五万円の支払いを求めている。

代理人の出口裕規弁護士が説明する。

「男性の銀行口座には、実習先の会社から契約通りの賃金が振り込まれていました。しかし通帳と印鑑は組合が保管しており、男性は自由に引き出すことができなかったのです。組合は毎月の賃金のなかから八万円あまりを男性に無断で着服し、残った現金を支給していました」

あまりに露骨な中間搾取ではないか。また、残業代に関しては別途支給されていたが、時給にしてわずか四五〇円という単価であった。これも最低賃金を大きく下回る水準である。

男性はこうした低賃金に耐え切れず、〇七年二月に職場から逃走。知人の紹介で外国人問題を手がける弁護士グループに連絡を取ったことが、今回の提訴につながった。

サラ金ATMのような感覚

現在、中国に帰国している男性も次のように訴える。

「労働力を金儲けの手段としたことが許せない。働いた分の賃金は、しっかり払ってほしい」

小渕代表理事は〇八年十二月、別の実習生の賃金を着服したとして、宇都宮地裁足利支部で懲役一年、執行猶予三年の有罪判決を受けてもいる。刑事に続き、民事における責任も追及されることになるわけだ。小渕代表理事の関係者が説明する。

「小渕さんはかつて地元で繊維工場を営んでいたが、二〇〇一年に外国人研修生の受け入れ団体トップに就任。人手不足に悩む関東各地の中小企業へ中国人を派遣し、業績をのばしてきた。全盛期には一〇〇〇人近くの中国人を抱えていたはずです。事業としては相当の利益が出ていましたが、他に経営している会社の業績は芳しくなかった。着服したカネは、それらの運営資金や借入金の返済に充てられたようです」

ちなみに小渕代表理事は〇六年、いとこである小渕優子少子化担当大臣（当時）の資金管理団体「未来産業研究会」に、二〇万円の献金をしている（その後、返金された）。小渕優子は定例会見で今回の提訴について聞かれ「親類による事件を大変重く受け止めている。世間に対してお騒がせしたことをおわびしなければならない」と陳謝した。

これほど露骨なピンハネはさすがに大問題となるが、研修生の預金を〝無断借用〟するくらいならば、「それほど珍しい話ではない」と話す関係者もいる。

「多くの企業や協同組合は、賃金の大半を強制的に貯金させ、印鑑と通帳を預かっているが、なかにはそれを無断で使ってしまう者もいる。事業資金として流用するばかりか、遊興費に使う者も多い。『ちゃんと返せばいいんだろう』と軽い気持ちでやっているのだが、まるで利子のつかないサラ金ATMのような感覚だ。かつては経営者が研修生の預金を、株式投資に回しているケースもあった」（東海地方の元協同組合役員）

もしも〝返済〟の目処が立たなくなったら間違いなく刑事事件に発展する。実に危ない綱渡りだ。

第四章　強制帰国

「悔しくて仕方ないんです」

中国山東省の東部に位置する威海市の郊外――。トウモロコシ畑に囲まれた農家の庭先で、李小燕《リーシャオイエン》（二六）はうめくように呟《つぶや》いた。

「悔しくて仕方ないんです」

長い髪の毛の先を指に巻きつけながら、唇を噛む。暗い記憶と闘っているように見えた。

研修生として茨城県内の縫製工場で働いていた李が、経営者らによって力ずくで中国へ送り帰されたのは二〇〇七年五月のことである。

取材に応じてくれた李小燕

朝、出勤すると同時に、上司から「すぐに会議室へ来るように」と言われた。会議室に入ると、他に四人の研修生がすでに神妙な顔をして座っていた。いったい何事かと皆で話しているところへ、社長が姿を見せた。

社長はいつになく不機嫌な表情だった。社長は研修生たちの顔を睨みつけてから、用件を切り出した。

「全員、今日で仕事を辞めてもらう」

研修生は皆で顔を見合わせ、そして口々に訴えた。

「理由はなんですか？」

社長は怒気を含んだ声で返した。

「全員、規則を破ったからだ。あなた方は、よりによって労働組合へ加入した。研修生にそんな権利はない。いまから中国へ帰ってもらいます」

研修生の一人が「(労働組合へ)電話してくる」と立ち上がったが、社員に制止された。そのまま全員が社員の監視のもとで荷物をまとめさせられ、無理やり車の中に押し込まれた。その際、李は「イヤだ。帰りたくない」と抵抗したが、社員に身体を羽交い絞めされ、引きずられたまま後部座席に放りこまれたという。

成田空港へ連れて行かれた李たち研修生は、すでに抵抗する気力を失っていた。送り出し機関に預けた保証金のことを考えると、素直に従うしかなかったからだ。経営者と、空港で待ち構えていた受け入れ機関（協同組合）職員らは、勝手に飛行機のチェックインを済ませ、研修生たちを出国審査へと追い立てた。彼女たちは半べそをかきながら、飛行機に乗り込むしかなかったのである。

「まさか、こんな乱暴なことをされるとは思ってもいなかった。思い出すたび、怒りがこみ上げてきます」

研修生として日本で働いた期間は、わずか十一ヶ月であった。

理不尽な賃金体系

彼女たちが全統一労組に加入したのは、強制帰国の一〇日前である。来日前、彼女たちは送り出し機関から「月給七万円」という説明を受けていた。ところが実際は、月給六万円しか支給されなかった。

「しかも毎日、深夜まで残業をさせられました。残業代は、二時間までは時給五〇〇円。二時間を超えると、残業代は出来高制となります。たとえば、布と布をテープで張り合わせる作業だと、一回の張り合わせで三円という報酬が決められていました。どんなに急いで作業しても、一時間に一〇〇回が限度です。つまり、多くても時給三〇〇円にしかなりません」

通常、残業が深夜に及べば、割増賃金が加算されなくてはならない。しかし彼女たちの場合、逆に賃金が下がるのである。なんとも理不尽な賃金体系であった。

こうした過酷な労働に耐え切れなくなり、ある日、李たち研修生は工場長へ「給与を上げるか、深夜労働をなくすか、どちらかにしてほしい」と直談判をした。すると、工場長がキレた。「ふざけるな！」と怒声をあげ、テーブルの上にあったガラス製の灰皿を研修生たちに向かって投げつけたのである。

この〝事件〟で、研修生たちは腹を決めた。「万が一のときに」と知人から教えられていた全統一労組に電話したのである。

相談を受けた全統一労組は早速、研修生と面談。組合へ加入させたうえで、団体交渉を実現させた。同労組によると、「最初の団交において会社側は、自らの不法行為を認め、問題の早期解決を約束した」という。しかし、二回目の団交が約束されていたその日に、研修生は強制帰国させられてしまったのである。

嫌われる労働組合

前述したように、会社側は強制帰国の理由として、「労組加入は規則違反」だと研修生に告げている。会社側が李たちに渡した「研修生の行動規範」なる書面には、確かに次のような文言が記されている。

「研修期間中は、会社外の就労活動、政治活動、労働運動及び布教活動を行わない」

この「規範」は、送り出し、受け入れ双方の機関によって定められたものだという。

「私たちの労組加入が、これに違反するというのです」(李)

研修生とはいえ、実態は労働者そのものである(後に会社側は『研修生は労働者ではない』との主張を繰り返すが、であるならば残業を強いることじたいがおかしい。そもそも研修生は、残業が認められていないのだ)。労働者に労組結成、加入を認めないのは労働法違反以外のなにものでもない。要は、何ら法的根拠を持たない「規範」を持ち出し、抵抗する研修生を追い出しただけである。

李たち研修生を襲った悲劇は、それだけではなかった。帰国後、研修生は送り出し機関へ足を運んだ。出国前に支払った三万元の保証金を返してもらうためである。しかし、送り出し機関の担当者は、研修生の顔を見たとたんに怒り出した。

「なぜ、規則を破ったんだ！」

担当者は日本の経営者と同じことを言った。

「労働組合に加入することなど許されない。日本の労働組合というのは暴力団と同じだ。カネを要求して経営者を困らせているだけだ」

結局、返却されたのは半額の一万五〇〇〇元だけだった。労組加入の「制裁」として、半額を没収されてしまったのである。

それにしても、政府の一機関たる送り出し機関が、日本の労働組合を「敵」と看做《みな》すところに、「労働者国家」の内実が透けて見える。全統一労組の鳥井は言う。

「日本側も中国側も、研修制度に関わる多くの者が、労働組合の介入を嫌う。そのため、研修生の労組加入を禁じているケースは少なくない。研修生からすれば強制帰国は怖いし、帰国してから保証金を没収されることだってあるのだから、どんなに劣悪な待遇を強いられたとしても結局は、泣き寝入りするしかない人がほとんどだと思う」

責任を取らされる側

〇五年に鳥井が研修生の実態調査のため、岐阜県へ乗り込んだ際、県内の縫製会社に次のような「緊急ファックス」が一斉送信された。

・緊急連絡――悪質労働組合が中国人勧誘

最近、中国人研修生、実習生に共産系の労働組合が近づき高賃金支給、高賃金雇用を言葉巧みな勧誘で組合員に引き込んでいる。現在の給料、残業を聞き出しその研修生・実習生の企業に脅しを掛けてくる。「適正な給料、残業を支払わなければ入管、労働基準監督署へ通報する」と悪質、残忍な脅しをかける。その労働組合には日本ヤクザや中国人不法就労者、専門的な知識を持つ弁護士で構成されているので始末が悪い。

今朝、協同組合の緊急会議を開き、日本側、中国側一致団結して今回の事件と立ち向かう方針を確認決定した。受け入れ企業各位にも是非とものご理解、協力、阻止を実行していただきたい。

研修生、実習生あっての縫製業です。悪質労働組合に加入、取り込まれたら協同組合や受け入れ企業は最後だと言っても過言ではありません。彼女らを守り抜くことが縫製業を救うことになります。研修生、実習生達との間に「信頼関係」を築いてください。悪質労働組合に入り込む隙を与えない温かい「信頼関係」を築いてください。

ファックスの発信元は、県内有数規模の協同組合だった。

当時、私はこの協同組合に対して、「適正な給料」を求めることがなぜ「脅し」になるのかを聞いてみたが、同組合理事長はそれに答えず、「私たちはなにも悪くない」とだけ主張した。

しかし、「研修生、実習生あっての縫製業」「温かい信頼関係」とは、笑わせるではないか。労働法を無視して研修生を酷使している自らの責任には、まったく触れていない。

このような形で、労働組合は研修職場から排除されていくのである。

実は、こうした〝弁解〟を耳にすることは少なくない。研修生の低賃金を指摘すると、「賃金はともかく、自分の子どもだと思って、研修生を扱っている」と胸を張る経営者もいる。だが、本当に「家族同然」であるならば、どうして、人並み以下の待遇を強いることができようか。こうした経営者は、自分の息子や娘が、時給三〇〇円で働かされ、携帯電話を取り上げられ、ある日突然、職場から自宅へ送り帰されても平気なのだろうか。要するに彼らは、都合よく「家族」という共同体をイメージし、研修生の労働者性を否定しているに過ぎない。だからこそ、勤務時間以外に、自宅の掃除や洗車などの家事労働を、研修生に強いたりするのである。そのうえ経営者の都合によって、研修生はいとも簡単に切り捨てられる。そんな「家族」があるだろうか。

それにしても哀れなのは、労組加入を理由に強制帰国の処分を受け、おまけに保証金の一部までをも没収されてしまった李である。

「運が悪かったとあきらめればいいのか……。だとしても、日本で働いた一年弱を無駄にしたくはないし……」

李は強制帰国のショックで、家の手伝いをする以外、あらたに仕事を見つける気力もないと言う。農民である李の父親も、しわがれた声で訴える。

「娘のことを思うと、胸が張り裂けそうになる。こんなことになるのであれば、日本へ行かせなければよかった。私は一生、貧乏でも構わない。ただ、娘にだけは、ある程度のカネを稼がせてやりたかっただけなのです」

ちなみに、全統一労組は現在も、この強制帰国の責任を追及して、日本側企業との交渉を続けている。李は交渉の進展を、ただひたすら遠くから見守っているだけだ。

私はこの強制帰国に関係する企業、受け入れ機関に取材を求めたが、いずれからも拒否された。山東省の送り出し機関も私と会うことを拒んだうえ、「問題はすべて、規則を破った研修生の側にある。強制帰国も保証金の没収も、なんら違法なことではない」と投げやりな答えを返しただけだった。

いつものことである。何が起きても、責任を問われるのは研修生の側だけである。だからこそ、強制帰国をめぐるトラブルは後を絶たない。

「中国人が暴れている」

北海道札幌市。二〇〇九年秋のことである。

「民事不介入」と大きく記された画用紙を手にして、四人の女性が警察官と向き合った。女性たちは地元の縫製工場で働く中国人実習生である。

その日、彼女たちは強制帰国させられることになっていた。無理やり荷物をまとめようとする経営者に対し、実習生は抵抗した。座り込み、私物を抱え、「このままでは帰りたくない」と大声で訴えた。経営者が実習生の身体に手を触れると、手足をばたばたさせて、逃れようとした。

手配した飛行機の出発時間が迫っている。手に負えないと感じた経営者は、「中国人が暴れている」と警察に通報したのであった。

彼女たちに「民事不介入」を警察に訴えろと指示したのは、岐阜一般労働組合（本部・岐阜市）で外国人オルグを担当する甄凱《ツエンカイ》である。中国人の甄凱は、言葉が通じるといった安心感もあるのか、連日、全国の研修生から相談が寄せられる。彼の存在もまた、研修生にとって〝駆け込み寺〟のひとつである。甄凱の携帯電話番号を〝お守り〟として持ち歩く研修生も少なくない。おかげで、甄凱の携帯電話は〝通話中〟であることがほとんどで、研修生からのSOSが絶えない。

〝駆け込み寺〟的な存在の甄凱（左）と筆者（右）

札幌の実習生は、トイレの中から甄凱に電話した。運良く甄凱につながった彼女は、「強制帰国させられる。警察も来る。どうしたらいい?」とまくしたてた。

こうした場面に甄凱は慣れている。彼は冷静に指示を出した。

帰りたくないのであれば、絶対に帰るな。その場を動くな。警察が来たら「民事不介入」と紙に書いてアピールしろ。万が一、空港に連れていかれても、飛行機に乗らなければいいだけだ。そのときは空港内の入管に駆け込め——。

さらに甄凱は北海道警の外事課へ電話して、「現在、札幌市内の縫製工場へ警察官が出動したが、これは労使紛争をめぐるトラブルである。警察官が介入するような案件ではない」と訴えた。

こうしたことが功を奏したのか、警察官も出動から数十分後には「双方で解決してください」と言い残して引き揚げた。経営者もあきらめ、その日の強制帰国は、なんとか阻止することができたのである。

経営者との団体交渉の席で

数日後、経営者と団体交渉するため北海道へ飛んだ甄凱に、私も同行した。

甄凱は地元の岐阜のみならず、ときには自腹を切ってでも困っている研修生のもとへ向かう。「同胞だから当然」と甄凱は言うだけだが、彼と長く付き合うなかで、その情熱の裏側に潜む、ふたつの光景が見えてくるようになった。

ひとつは、少年期に遭遇した文化大革命である。甄凱自身は当初、文革を「面白いイベント」くらいにしか考えていなかったが、旧国民党出身の祖父が紅衛兵に監禁されたことで、政治権力に不信感を持つようになった。

もうひとつは一九八九年の天安門事件だ。甄凱は、そこに参加していない。ちょうど日本の大学に留学中で、学生たちの反乱をテレビで観ることしかできなかった。天安門広場を埋めた群集のなかに自分がいないことに悔しくて地団駄を踏んだ。

少年時代に感じた権力への不信と、天安門事件に「乗り遅れて」しまったことへの後ろめたさ。その二つが甄凱のなかでいつまでも燻《くすぶ》り続け、日本で普通のサラリーマン生活を送っていた彼を、労働運動の道に走らせた。

と、少なくとも私はそう見ている。

札幌に到着した甄凱は、すぐに関係者をホテルのカフェに呼び出した。協同組合役員と縫製工場の経営者、そして四人の実習生である。協同組合と経営者が甄凱の呼び出しに素直に応じたのは、あるいは、甄凱になんらかの「仲裁」を期待したのだろう。

甄凱も当初はにこやかに応じていた。

だが、会社側、実習生側の双方から細かく事情を聞くうちに、甄凱の顔色が変わった。

「あなた方は法律違反を犯しているという自覚がなさすぎる！」

甄凱は役員と経営者に向けて厳しく問い詰めた。

協同組合役員は動揺し、大きくため息をついた。経営者はうなだれていた。

この席で明らかとなった実習生の労働条件は、ご多分に漏れずひどいものだった。

基本給は月額五万五〇〇〇円（研修時は五万円）。残業代は時給三五〇円（研修時は三〇〇円）。しかも夜一〇時を過ぎてからの残業は、完全出来高制である。洋服のほつれを直したり、ボタンを取り付ける作業で、一着を仕上げるたびに一〇〇円。時給に直せば二〇〇円程度だったという。そのうえ休日は月に一日のみ、当然ながら有給休暇もなかった。

こうした労働条件に嫌気が差し、彼女たちは自分たちで賃上げ交渉に臨んだ。ところが、その行動を理由に強制帰国を言い渡されてしまったのである。

協同組合役員も経営者も、それが悪いことだとは、まったく思っていなかったようだ。

「外国人にも、ちゃんと給与を払わないといけないんですか？」などと、暢気《のんき》に聞き返していたのである。経営者らは、研修・実習制度の意味も、意義も、そして雇用に必要な知識もなかった。とはいえ、日本人の従業員に対しては、三〇〇円などというふざけた時給を強いているわけがない。実習生が外国人であるといった理由で、経営者はどんな〝使い方〟をしても許されると信じていたのだ。

甄凱は憤りの表情を浮かべて、まくしたてた。

「私は仲裁するつもりもないし、ましてや実習生たちに『おとなしく帰国しろ』とも言わない。不法行為は、徹底的にあらためていただきます。この問題が解決するまで私は帰りませんし、あなた方が過ちを認めないのであれば、裁判で決着をつけます」

甄凱の一歩も引かぬ姿勢に接すると、通常は二通りの反応がある。「ならば、好きにしろ」と捨てゼリフを残して背を向ける経営者と、真剣に話し合いに応じる経営者である。今回は、幸いにして後者のケースであった。

甄凱の理路整然としたロジックの前に、彼らは渋々と、未払い分賃金（実賃金と法定賃金との差額）の支払いを約束せざるを得なかった。

団体交渉を終え、甄凱は経営者に向かって念押しした。

「研修生、実習生は人間ですよ。なのに彼女を無理やり、力ずくで強制帰国させようとしたことに対し、私はまだ怒っています。そもそも、なぜ警察など呼んだのですか。彼女たちは犯罪者ですか？　もう一度、言います。人間ですよ。犯罪者じゃないですよ。奴隷じゃないですよ」

経営者らは、うなだれたまま甄凱の言葉を聞いていた。

絶えることのないSOS

もちろん、このように団体交渉がうまくいくとは限らず、決裂して裁判に持ち込んだケースも少なくない。

ある日、岐阜市内の縫製工場に勤める三人の女性実習生（中国人）から、甄凱のもとへ相談が寄せられた。待遇改善を訴えたら経営者に強制帰国を命ぜられたという内容である。

相談を受けた甄凱は、すぐに縫製工場へ向かったが、経営者は団交を拒否し、あくまでも「三人を中国へ帰す」と言い張った。その際、自分の背後には暴力団関係者が付いていると示唆した。甄凱は実習生の安全を守るため、三人を近隣のビジネスホテルへ避難させた。中国へ帰されてしまったらおしまいである。さらに甄凱は労働基準監督署へも通告し、この企業を調査するよう要請した。

数日後、経営者は「（ホテルに避難した）実習生たちと、直接に話がしたい」と甄凱に電話してきた。労働基準監督署へ通告したこともあり、甄凱には若干の油断があった。実習生に「社長が会いたがっている。一度、ちゃんと話してみるのも悪くない」と伝えてしまったのだ。

三人の実習生は社長の自宅へ向かった。ところが、「会いたい」と言ってきたはずの社長が、なぜか彼女たちの前に姿を現さない。それどころか「出て行け」と家の中から怒鳴り散らすのである。怒った彼女たちは、門扉を開けて玄関の中へ足を踏み入れた。

「社長、出てきてください」。そう叫び続けたが、社長はやはり「出て行け」と怒鳴るだけだ。そのうちパトカーのサイレンが響いた。駆けつけた警察官は、経営者と少しばかり話しこんだ後、「建造物侵入です」と告げて実習生の三人を逮捕してしまったのである。

経営者が彼女たちを呼び出したのは、完全な「ワナ」であった。

これを知った甄凱は、経営者と警察に猛抗議を繰り返した。だいたい、労働者が雇用主の自宅へ押しかけて、「建造物侵入」となるわけがない。労使関係にあるのだ。だが経営者は「三人は甄凱が逃亡させている間に解雇した。よって、彼女たちはウチとは関係ない」と主張し、警察もまた、釈放を要求する甄凱の言葉に耳を傾けることはなかった。

結局、三人は留置期限ぎりぎりの二〇日後に、不起訴となって釈放された。不起訴は当然であるが、〝満期〟まで勾留を続けた岐阜県警も何を考えているのか。

これをきっかけに、甄凱は警察介入の際には、とにかく「民事不介入」を主張しろと、研修生に指示している。

その後も会社側は話し合いに応じることなく、甄凱はしかたなく裁判に訴えた。

「結果、なんとか未払い賃金の一部を取り返すことはできましたが、あの会社には反省の色は見えない。ほとぼりが冷めたら、また同じことが繰り返されるでしょう。人間を人間として認めないような企業を、徹底的に取り締まるような法整備が必要です」

「山梨事件」――社長から暴行を受ける

こうした強制帰国をめぐるトラブルは日常的に起きている。しかし表沙汰となるのは稀だ。外部の誰にも知られることなく、拉致・誘拐まがいの強制帰国は繰り返されている。また、運良く労組などが介入しても、そのことが報道されるケースは少ない。

そうしたなか、珍しく国内外のメディアが飛びついた事件がある。〇八年に起きた「山梨事件」だ。

社長から暴行を受けた中国人実習生を匿《かくま》ってほしい――。全統一労働組合の事務所に、切迫した声の電話がかかってきたのは同年八月二十三日のことである。電話の主は山梨県在住の会社員で、たまたま通りかかった自宅近くのブドウ畑で、傷だらけの女性二人を保護したのだという。聞けば二人ともに中国人実習生で、震えながら「助けてほしい」と訴えた。会社員はこうした場合にどこへ連絡したらよいのかわからず、インターネットの検索によって、外国人労働者の相談に乗っている全統一労組の存在を知った。

同日夜、件の会社員に連れられて、二人の実習生は全統一の事務所を訪れた。たまたま別件で同労組を取材していた私も、その場に立ち会った。

その日保護されたのは、ともに中国湖北省出身の段艶紅《ドウアンイエンホン》（三二）と胡菊花《フージューフアー》（三五）だった。二人は山梨県昭和町のクリーニング工場、テクノクリーン（資本金三〇〇〇万円・従業員四十五人）で働く実習生だと名乗った。二人とも憔悴《しょうすい》しきった表情のなかに、怯えと恐怖のまなざしを浮かべていた。細い手足は擦過傷だらけで、特に段の上腕部は内出血で青く腫れ、引っ掻いたような傷跡が生々しく残って、なんとも痛々しい。そして「こわかった。暴力を振るわれた」と声をそろえるのである。彼女たちによると、会社側に待遇の改善を訴えたところ、社長や社員によって力ずくで〝強制帰国〟させられそうになったのだという。

事件のあらまし

彼女たちは次のように訴えた――。

前日の早朝、まだ就寝中であった彼女たちの部屋に、経営者と社員ら十数人が雪崩《なだ》れこんできた。薄手のパジャマ姿だった彼女たちは慌てて掛け布団で身体を隠したが、殺気立った経営者たちは、そんなこと気にするなとでもいうような態度で、大声を張り上げた。

「いまから全員、中国に帰す」

強制帰国の宣言だった。

社員たちがいっせいに襲いかかる。その場にいた六人の実習生は、羽交い絞めにされた。実習生も必死だった。ありったけの力で、もがいた。すると、社員らは腕をねじ上げる、腹を殴る、あるいは足払いのように蹴飛ばすなどの暴行をはたらいた。段と胡の身体に残る痣《あざ》と傷は、そのときにできたものだ。

寮の外には、実習生を成田空港へ〝連行〟するためのマイクロバスが用意されていた。実習生は身体を押さえつけられたまま、車内に押し込められた。その際、隙を見て逃げ出したのは胡である。怒号をあげて追ってくる社員を振り切り、胡はひたすら走り続けた。

残る五人の実習生は、バスのなかに監禁されても抵抗をやめなかった。マンツーマンで張り付いた社員の手を振り解き、車内で暴れた。バスが空港に向けて走り出しても、「帰りたくない！」と大声で叫び続けた。

暴行を受けた被害者の記者会見

高速道路に入る寸前、ひとりの実習生が窓から外に飛び降りた。その実習生を追いかけようと社員らが席をはずした直後、他の実習生もいっせいに窓から飛び降りたのである。道路上では怒声と悲鳴が響き渡り、その場はまたしても阿鼻叫喚の巷と化した。走って逃げようとした実習生はタックルを受け、地面に転がされた。道路に寝転がって抵抗する実習生は、蹴りを入れられた。

結局、五人の実習生は全員、取り押さえられた。だが、このトラブルが一時間近くも続いたため、予定していた便に搭乗できなくなってしまった。しかたなく、経営者は強制帰国を翌日に延期することを決めたのである。実習生は寮に連れ帰された。経営者は寮の二階に実習生を閉じ込め、入り口に屈強な社員を見張りとして配置した。逃走を防ぐためである。

その晩、監視の目を盗んで二階の窓から飛び降りたのは、張愛霞《ジャンアイシャー》(三七)である。その数時間後、明け方になってから今度は段が窓から飛び降りて逃走した。まさか二階から飛び降りるとは思わず、玄関以外は会社側もノーマークだった。実際、残る三人の実習生は飛び降りることに躊躇し、そのせいで、翌日には強制帰国させられてしまうのである。

明け方に逃走した段は裸足のまま、近くのブドウ畑へ駆け込んだ。私も実際に現場を見たが、竹の支柱に囲まれ、ブドウの房が目隠しとなる畑は、身を隠すには絶好の場所だった。段はブドウ畑のなかで偶然にも、昼間に逃げた胡の姿を発見する。二人は抱き合って再会を喜び、その数時間後に運良く親切な住民に保護されるのである。

一方、逃走したもうひとりの実習生、張は、翌日になってから、救出に向かった全統一組合員によって無事保護された。張は寮の前で、うずくまったまま泣いていた。一度は離れた場窓から飛び降りた際に足を骨折し、歩くことのできない状態だった。一度は離れた場所まで足をひきずって逃げたが、痛みに耐えかねて寮まで戻ったところを、組合員に発見されたのである。

ちなみに、逃げることのできなかった残り三名の実習生は、すでに〝連行〟された後だった。

偽装だらけの実態

それにしてもなぜ、このような〝事件〟が起きてしまったのか。

保護された段ら三名は、〇五年に研修生として来日した。彼女たちの目的は「日本で最先端の縫製技術を学ぶこと」だった。

ちなみに、前述した通りテクノクリーン社は、クリーニング業を営む企業である。わが国の研修制度は、農業から縫製、建築まで、六十二職種を「対象業務」として定めているが、このなかにクリーニング業は含まれていない。しかし同社は、「婦人子供服製造」の会社として、監督機関であるJITCOに中国人研修生の受け入れを申請。彼女たちを〝縫製要員〟として受け入れていたのである。

当然ながら、彼女らに与えられた仕事は作業服や作業靴の洗浄などクリーニング業

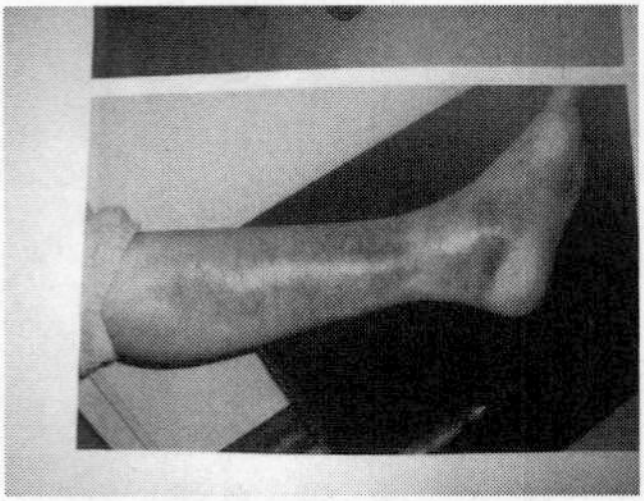

飛び降りて逃走した、張愛霞の骨折した左足

務ばかりで、縫製作業は一切なかった。

「そもそも会社にはミシンなど一台もなかった」と段は証言する。

「たまにＪＩＴＣＯの担当者が巡回調査に訪れましたが、そのときだけ、よそからミシンを借りてきて、急ごしらえの〝縫製室〟がつくられました」

　まさに〝偽装研修〟だったのだ。しかし問題はそればかりではなかった。ここでも非常識な低賃金労働が強いられたのである。

　月額基本給は五万円。連日、午前八時半から深夜まで働かされたが、残業代はやはり「時給三〇〇円」だった。休日も、月に一日。まるで申し合わせしたかのように、全国の研修生受け入れ企業では、この待遇を実施しているところが多い。

　前述したようにＪＩＴＣＯの巡回調査もあったが、彼女たちは会社幹部から「本当のことを言ったら、中国に帰国させる」と言われ、巡回の担当者には「基本給は十一万円。残業は月に三十三時間」と答えていた。労働条件まで〝偽装〟されていたのである。

中国でも大きく報じられる

実習期間の満了まであと四ヶ月に迫った八月二〇日。彼女たちは意を決して「要望書」を、実習生六人の連名で会社に提出した。「要望書」では過酷な労働条件の改善と正当な賃金の支払いを訴え、改善が見られないときには労働基準監督署へ通報するという決意も添えた。書面の最後には次のように記してある。

《私たちはテクノクリーンに三年間在籍中、日本人より長時間勤務を要求され、仕事を頑張ってきました。でも得たものは不公正な対応です。金銭面においても労働条件においても、今回の会社の対応は納得いくものではありません。私たちは会社の対応に理不尽さと怒りを感じています》

しかし、会社側は誠意ある回答を示さなかったばかりか、強制帰国という〝報復〟に打って出たのである。ちなみに〝襲撃〟の当日は、社長が「要望書」に対する回答を約束した日でもあった。あまりにも酷《ひど》い回答である。テクノクリーン社社長は私の取材に対し、労働法に違反した低賃金で働かせていたことは認めたが、暴行に関してはノーコメントとした。

また、監督機関であるＪＩＴＣＯも「巡回指導の際、とくに問題があるようには見えなかった。我々は（企業を）取り締まるための機関ではないので」と、責任を回避するかのような回答をした。ＪＩＴＣＯによると、山梨県を含む南関東エリアの実習生受け入れ事業所（一五六四社）を担当する職員は、わずかに七名だという。このような体制で、満足な巡回指導などできるわけがない。だから「役立たず」と指摘されるのだ。

その後、段、胡、張の三人は、逮捕監禁致傷、傷害の容疑でテクノクリーン社の社長らを山梨県警南甲府署に刑事告訴、さらに全統一労組を通じて未払い賃金と損害賠償の支払いを求めた。

翌〇九年の秋、会社側はようやく未払い賃金を支払うことに合意。これを受けて、一年にわたり、全統一労組のシェルターに保護されていた三人の実習生も中国へ帰国した。さらに翌一〇年の一月、山梨県警は傷害の疑いで、同社社長を書類送検した。

なお、この事件は地元紙をはじめ、いくつかの新聞が大きく報じた。強制帰国が初めて大々的に活字化されたケースといえよう。

また、特筆すべきは中国メディアでも大きく報じられたことである（研修生の送り出し業務を〝国益〟と考える中国では、日本における研修生の悲惨な実態が報じられることは少ない)。在日中国人ジャーナリストの莫邦富《モーバンフ》が、ネットメディアなどを通じて、記事を中国全土に配信したことが大きい。これによって、それまで「研修生問題」を知る機会のなかった多数の中国国民が、ネットの掲示板などに「奴隷労働を許すな」「研修生の送り出しに規制をかけろ」といった主張を書き込んだ。

さすがに中国政府もこれを無視するわけにもいかず、「中国国民の合法的な権利を守るように望む」といった、異例ともいえる申し入れを日本政府へおこなった。

そのきっかけをつくった莫邦富が言う。

「現代版の『女工哀史』ともいうべき事件。世界第二位を誇る経済大国で、このような悲惨な労働環境が存在することを直視しなければならない」

第五章　私たちは人間扱いされていないんです

縫製工場での暴力事件

ハンディムービーによって撮影された映像が、私の手許にある。映っているのは中国人実習生（女性）と、彼女が勤める縫製工場（富山県）の役員だ。

映像の中で、実習生は泣きながら役員に訴える。

「わたし、人間だよ。動物じゃないよ。あなた、わたしの身体、傷つけた。いま、警察呼んだ。あなた、逃げちゃだめ」

それに対し、役員もまた、大声で応酬する。

「オマエ、もう帰っていいけん。ばかやろー。警察呼べよ。こうなったら裁判で勝負じゃ。オレ、大学出てるんよ。法学部やぞ。このガキが」

日本語の不自由な実習生に対し、「法学部」を強調するところが、観ていてなんとも恥ずかしい。裁判資料に沿って経緯を説明しておこう。

二〇〇九年六月十八日の朝、経営者は「携帯（電話）を持っている者は申告しろ」と、実習生四人に言い渡した。同社は実習生に対し、許可なく携帯を所持することを禁じている。そのなかの一人、施春紅《シーチュンホン》は携帯電話を持っていたが、あえて申告はしなかった。違う職場で実習生として働く友人から、借り受けたものであったからだ。

同夜、経営者と、その息子である役員が突然、実習生の部屋にノックもせずに入り込んだ。両人は施に対し「携帯電話を持っていることを知っている。番号を教えろ」と迫った。施がこれを拒んだところ、役員は激昂。ついにもみあいとなり、役員は室内にあった折りたたみ式のパイプいすを手に取ると、施の頭上に振り下ろした。さらに顔面をこぶしで殴りつけた。これに対し、施は床に倒れこんだまま、役員の服につばを吐きつけて抵抗した。

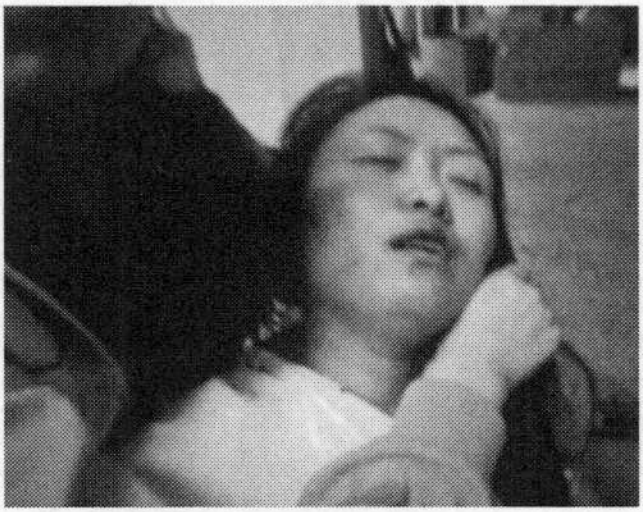
暴行を受けた直後の施春紅

前述した映像は、この直後から撮影されたものだ。危険を感じた施の同僚が、慌ててハンディムービーの電源を入れたのであった。映像に映る施の顔は赤く腫れ上がり、唇から出血している。誰が見ても、暴行があったことは明らかだ。

ところが、実習生の一一〇番通報によって駆けつけた警察官は両者から事情を聞いたものの、「ケンカのようなもの」という会社側の説明に納得し、その場を引き揚げてしまう。翌日、施は地元の警察署に呼ばれ、再度の事情聴取を受けるが、今度はなぜか「被疑者扱いだった」（施）という。何の説明もなく正面、側面からの写真を撮られたばかりか、両手の指紋、掌紋まで取られた。聴取を担当した警察官は、さらに「携帯電話を申告しなかったあなたも悪い」とまで言ったのである。

施は大きなショックを受けた。また、会社にいること自体が怖くなり、食事を摂ることもできなくなった。

一〇日後、施は人を介して「外国人研修生権利ネットワーク福井」（本部・福井市）に連絡を取る。同ネットは、福井県内で外国人の人権問題に取り組んできた高原一郎が中心となり、〇一年に設立された。

事情を聞いた高原は、すぐに施を保護し、同ネットが運営するシェルターへ避難させた。このままでは施の心身が衰弱するばかりで、場合によってはさらなる暴行や、強制帰国もあり得ると判断したからである。それまでにも、研修生から暴行にまつわる相談を数多く受けてきた高原は、次のように説明する。

「研修生・実習生は、一般的な日本人労働者と比較して、パワハラを受けやすい立場にあることは間違いない。というのも、研修生を奴隷のような感覚で扱っている経営者が多いからだ。意識の根底にあるのは、外国人に対する差別心。なかでも相手が中国人となると、日頃は温厚で優しい人柄の経営者であっても、なぜか横柄に振る舞う者が少なくない。さらに研修制度そのものが〝安上がりの雇用〟だと曲解されていることもあり、対等な労使関係を築くことができない。どうしても支配・従属の関係となってしまう。そこから暴力やセクハラといった問題が生まれてくる」

私はシェルターを訪ね、施に話を聞いた。

施は、暴行以外にも理不尽なことがあるのだと、涙ながらに訴えた。低賃金、深夜までの残業、酒席への同席など、「イヤなことばかりだった」と繰り返した。

「日本という国に憧れて、研修生になった。でも、嫌な思い出ばかり抱えて帰国することになりそうで、そのことがなによりも悲しい」(施)

高原のアドバイスで、施は同社役員を刑事告訴し、さらに民事での訴訟も起こした。現在も審理は続いている。

※その後、役員は略式起訴され罰金刑を受けた。民事でも損害賠償の支払い命令が確定した。

経営者の言い分

私は、暴行を働いたとされる同社の役員に取材を求めたが、「話すことはない」と拒否された。その代わり、役員の父親（経営者）が応じてくれた。

経営者は憔悴した表情を顔に浮かべていた。「こんな大事になるとは思っていなかった」のだという。経営者は違法な労働条件の一部については認めたが、暴行に関しては「その場にいたものの、たまたま目を離したすきに起きた出来事。私は現場を目撃していない。息子は『やっていない』と言っているので、その言葉を信じる」と述べた。

直後の映像を目にすれば、なんらかの暴行があったことは容易に判断できる。「息子を信じる」のは大いにけっこうだが、ではなぜ、実習生の言葉にはまったく耳を傾けないのか。というのも、この経営者もまた、「彼女たち（実習生）を家族と思って接してきたのに、裁判に訴えるとはひどすぎる」と漏らしたのである。

経営者は言う。

「実習生に対し、ときに厳しく当たっていたのは事実。だが、それは家族として受け入れていたからだ。家族だからこそ、些細なことでも注意した。私は彼女たちに『お父さん』と言ってもらいたかった」

あえて突き放した言い方をすれば、研修生・実習生は、経営者の子どもとなるために、日本へ来たのではない。働いて技術を磨き、そしてカネを稼ぐためだ。「家族」であると言うのならば、警察に通報された時点で、信頼関係ができていなかったことを悔やむべきである。そして息子と同様、「娘」の主張にも十分、耳を傾けるべきではなかったのか。安価な労働力を提供するだけの「家族」など、経営者の勝手な妄想に過ぎない。結局、この経営者にも「支配・従属」の関係が刷り込まれていたのだ。

握りつぶされるセクハラ被害

ときには、さらに歪な「支配欲」が、研修生の心身を傷つけることがある。その典型が、女性研修生に対するセクハラである。

「研修生を欲望のはけ口として利用する」と憤るのは、在日中国人の労働問題を扱っている東京華工会の呉暁晃《ウーシャオリャン》委員長だ。呉によると、「セクハラ被害を訴えてくる研修生は多い。だが、経営者らの圧力によって、表に出るケースは少ない」のだという。

呉が千葉県内の農家で働く女性研修生からセクハラ被害の相談を受けたのは、〇九年秋のことである。研修生は、自分の携帯電話の録画機能を使って撮影した動画を呉に見せた。映されていたのは、下半身をむき出しにして、研修生に迫ってくる経営者の姿だった。研修生は「証拠」を残すために、布団の中から隠し撮りしていたのだ。この経営者は、酒を飲むたび、研修生の寝室へ侵入してくるのだという。

呉は、これを「事件」として扱うべきだと主張した。「泣き寝入りすべきではない」と説得した。だが、肝心の研修生は悩んでいた。

「もしも裁判になったら恥ずかしい。その前に、強制帰国させられてしまうかもしれないと、口にしていました。おそらくは出国時に支払った保証金も気になっていたのでしょう。彼女にとって、セクハラと闘うには、大きな覚悟を必要としたのです。結局、数日間考えてみたいという彼女の意見を尊重し、再度会うことを約束しました」

それから数日後、呉が彼女の携帯に連絡しても、まったくつながらない。後になって、彼女が中国へ帰国させられたことを知った。

「研修期間中の帰国ですから、おそらくは強制に近い処置だったのでしょう。経営者が口をつぐんでいるので、正確なことはわかりませんが、彼女がセクハラ被害を訴えるといった動きがバレてしまったのだと思います。あるいは、いくらかの〝口止め料〟が払われたのかもしれません。いずれにせよ、研修生のセクハラ被害は、こうやって握りつぶされることが多いのです」（呉）

繰り返される性的虐待

私が過去に取材したケースにも触れておこう。

セクハラ被害を訴えたのは、関東地方の農場で働いていた実習生である。彼女は農業研修生として来日したにもかかわらず、実際は家の掃除やゴミ出し、洗車など、まるでお手伝いさんのような仕事を強いられていた。それだけでも問題だが、そこへセクハラが加わった。

ある晩、経営者は実習生を会社の関連施設に呼び出した。なにごとかと駆けつけた実習生を関連施設の一室に招き入れると、経営者は部屋の鍵を閉め、突然、実習生に襲いかかったのである。実習生は必死に抵抗したが床に押し倒されて暴行を受けた。コトを成した経営者は、泣きじゃくる女性に一万円を渡し、「ないしょ、ないしょ」

と言った。

その後、実習生が警察に訴えないことで安心したのか、執拗に性的虐待を繰り返したのである。経営者は実習生の部屋の合鍵をつくり、気が向くと夜中に訪れては実習生を襲った。最終的に実習生が脱走するまでの一年三ヶ月の間、その回数は六十二回に及んだ。実習生がそれまでの間、性的虐待に耐えたのは、言いなりにならなければ、強制的に帰国させられるのが目に見えていたからだ。

ちなみに、この経営者は地域の有力者でもあった。地元自治体の議員を長く務め、議会議長も経験している。常々「自分は警察とも仲が良い」と誇示していたことも、実習生にある種の恐怖を与えていた。

しかし、やはり人間には限界というものがある。ある日、彼女は逃げ出した。せめて自分の意志を、この日本で一度だけでも主張しようと決心したのである。実習生は入国管理局に駆け込んだ。そこで緊急避難のためのシェルター施設を紹介してもらい、その後、全統一労働組合へ法的手段について相談するに至ったのである。

実習生は私の取材に対し「夜になると襲われる悪夢が甦る。ドアを開け閉めする音にも恐怖を感じる」と震える声で訴えた。

経営者とのやりとり

女性に性的虐待を繰り返したとされる経営者とは、私との間で次のようなやりとりがあった。

——実習生を暴行したのは本当か。

「冗談じゃない、嘘だ」

——では、何もなかったというのか。

「関係があったことは認める。しかし暴行でも性的虐待でもない」

——女性は襲われたと主張しているが。

「逆だ。襲われたのはむしろ私のほうだ」

——そんなことがあり得るのか。性行為の強要は数十回に及んだと聞いている。すべて女性の側から襲われたとでもいうのか。

「そうだ。彼女が勝手にやったことだ」

——しかしあなたは行為の後に、女性へ金を渡している。

「ウチの仕事は残業がほとんどないので、かわいそうだと思って金をやった」

——女性はなぜ、あなたのもとから逃げたのか。

「知らない」

いま思い出しても、腹立たしくなるようなやりとりだった。

この経営者が地元自治体の議員を辞職したというニュースが流れたのは、その直後である。てっきり今回の件が関係しているのかと思いきや、全く別の理由によるものだった。議会の政務調査旅行に同行した女性添乗員に対し、宴会の場で抱きつくなどのセクハラ行為をしたことが、テレビ局の取材で明るみに出たのである。

もちろん実習生に対するセクハラも、全統一労組と弁護士の協力によって、謝罪と損害賠償が認められたのはいうまでもない。当然すぎる結果である。

だが、これとて実習生は相当に悩んだ末、脱走に至ったのである。彼女も強制帰国の恐怖と闘い、ぎりぎりまで研修現場に踏みとどまらざるを得なかった。先にも述べたが、ひな壇に並んだ女性のなかから、好みのタイプを選んで連れて帰るような人身取引がおこなわれているのだ。セクハラが存在しないほうがおかしい。

　もはや人権侵害といったレベルの話ではない。人格そのものが、経営者によって踏みにじられているのが、研修制度の内実である。

さまざまな人格否定

愛知県の自動車部品工場では、中国人とベトナム人の研修生・実習生に対し、勤務時間中にトイレを使用した場合、一分間十五円の〝罰金〟を科していた。私は会社側が作成した「トイレ使用時間・使用回数表」と題された表を入手したが、そこには各自の名前と並べて、毎日のトイレ使用時間、使用回数が記録されていた。

毎月の合計回数の横には、ひらがなで「きゅうりょうよりマイナスします」と書かれていた。なんとおぞましい〝社員監理〟であろうか。小便にまで罰金を科すばかりか、わざわざ表を作成してまで記録に残す、そのいやらしさに、私は反吐《へど》が出る思いだった。しかし経営者は「いったい、それのどこが悪いのか」と、責められるのは心外とでもいうような表情をしていたことが、さらに後味を悪くした。

こうした〝人格否定〟は、暴力やセクハラといった形だけで表れるものではない。たとえば劣悪な住環境（寮設備）を強いられるケースなども、その一例であろう。狭い部屋に複数の研修生を押し込むことなど、枚挙に暇がない。六畳一間の部屋に二段ベッドを二つ並べ、そこで男性四人が生活していたり、廃屋かと見紛うような老朽家屋や貨物コンテナを改造した窓のない「寮」で暮らしている研修生もいた。高校生の合宿ならまだしも、れっきとした大人の労働者が、雑魚寝《ざこね》同然の住環境を押し付けられているのである。

なかには光ファイバー完備、オートロックのワンルームマンションをあてがわれる、恵まれた研修生・実習生もいないわけではない。しかし、そうした例はごく一部に過ぎない。

さらに悪質なのは、劣悪な寮に住まわせておきながら、高額な家賃を請求するケースである。六畳の部屋に四人の実習生を押し込み、一人につき三万五〇〇〇円の家賃を請求している企業があった。付近の同面積の家賃相場は四万円に満たないというのに、会社側は毎月、実習生から家賃として計十四万円を受け取っていることになる。低賃金で雇用しながら、家賃でも利益を上げているのだ。

水道水が供給されない

〇八年、奈良県の住宅機器製造会社で働く実習生らが、相次ぎ腹痛や下痢、吐き気などの体調不良を訴えるという〝事件〟が発生した。

地元保健所が調査したところ、実習生らは飲料として、雨水を飲まされていたことが判明した。実習生の寮には水道水が供給されておらず、会社側は屋根に落ちた雨水を濾過《ろか》し、井戸水と混ぜた上で使わせていたという。

私も似たようなケースを取材したことがある。〇九年秋、千葉県内の廃品スクラップ場で働く実習生の寮を訪ねたときのことだ。炊事場の水道の蛇口をひねったところ、茶色に染まった水が流れ出てきた。実習生たちは「川の水だ」と口をそろえた。

調べてみれば、スクラップ場の近くを流れる川に取水ポンプが設置され、そこから延びたホースが寮の水道と直結されていた。川といっても、工業地帯の間を流れる、わずか数十センチの幅しかないドブ川である。水面には油やゴミが浮かび、コーヒー牛乳のような茶褐色に汚れた水が、あぶくを出していた。

私は会社側に対し、「あまりにも、ひどいのではないか」と訴えた。すると経営者は、「川の水を直接に汲み上げているのではなく、川底のさらに奥深く、つまり地下から取水している」のだと抗弁した。しかし、ドブ川の地下から汲み上げた水が飲料に適するわけがない。そもそも一帯は工場やスクラップ場が集中する地域であり、良好な環境にはない。

幸いなことに、実習生らは水道の水をほとんど使っていなかった。炊事の際は近所の公園までペットボトルを持って出かけ、公共の水道から水を取っていた。そのせいか健康被害こそなかったが、実習生の一人は吐き捨てるように訴えた。

「結局、私たちは人間扱いされていないんです」

研修生をめぐる取材現場で、何十回と聞かされてきた言葉を、ここでも耳にすることとなったのである。

第六章　二十一世紀の人身売買

「欠条」とは

「欠条」なる中国語を覚えたのは最近のことだ。日本語に直すと、借用証書という意味になる。

千葉県内の縫製工場で働く実習生（中国人女性）を取材しているときのことであった。彼女もまた、違法な低賃金と待遇をめぐって会社側とトラブルとなり、前出・東京華工会に助けを求めた。幸いにして会社側は自らの非を認め、未払い分の支払いを約束した。ところがこれに対し、中国側の送り出し機関が、とんでもない横槍を入れてきた。

「禁じられている労働運動へ参加し、会社側との信頼関係を壊した」ことを理由として実習生にペナルティを科すと通告してきたのである。その内容が、中国出国時に預けた保証金（一万元）の没収と「欠条」の実行だった。彼女と送り出し機関の間で結ばれた「欠条」には、なんと、二〇万元（約三〇〇万円）という数字が書き込まれていた。

東京華工会の呉暁晃の説明によると――。

「要するに架空の借金です。彼女は送り出し機関から、出国時に借りてもいない金の借用書を書かされ、それを担保として預けている。なんの問題もなく中国へ帰国すれば欠条は破棄されますが、日本の会社や送り出し機関に損害を与えたり、規則を破った場合、その欠条を盾に、借りてもいない金の返済を迫られるというものです」

「欠条」を利用した一種の「罰金制度」である。

調べてみれば、この「欠条」を送り出し機関と交わしている研修生・実習生も少なくないことがわかった。東京都内の建築会社で鳶職として働く実習生もそうだった。彼は劣悪な労働条件を労働組合に相談していたが、そのことによって、やはり、送り出し機関から一〇万元（約一五〇万円）の「欠条」履行を迫られていた。

「送り出し機関からは、余計なトラブルを起こしたと非難されています。私は正当な要求をしているだけだと思うのですが……。もしも一〇万元を支払うことになれば、日本で稼いだ金のすべてが消えてしまいます」

彼は、すっかり落ち込んでいた。

中国での取材妨害

二〇〇九年十一月、熊本県植木町で研修生による「殺人事件」が起きた。農家で働いていた研修生が、農場主夫妻を殺害し、犯行後、首吊り自殺したというものである。事件の一報を聞いたとき、私はとっさに、前に触れた「木更津事件」を思い出した。熊本県内の関係者に当たってみると、確かに、研修生と農場主との間では、残業や休日をめぐってトラブルがあったという。ただしこの事件の場合、〝犯人〟である研修生が亡くなってしまったため、全貌はまだ明らかとなっていない（※その後も進展はなし）。

事件直後、たまたま他の案件で中国へ出かけた私は、その機会を利用して、自殺した研修生の実家（黒龍江省通河県）を訪ねてみることにした。研修生の家族に会えば、事件に関するなんらかの情報を得られるのではないかと思ったからである。

結論から言えば、取材は大失敗に終わった。研修生の両親に会うこともできなければ、彼の実家に近寄ることすらできなかった。現地の送り出し機関関係者から、取材妨害を受けたのである。

〇九年十二月、私はハルビンで車と通訳を手配し、そこから約三〇〇キロ離れた通河県に向かった。自殺した研修生の実家がある村の入り口までたどり着いたとき、突然、後方から追いついた車が我々の前で急停車し、行く手を阻んだ。車から降りてきたのは、チンピラ風の男たちだった。送り出し機関から業務を委託された人材ブローカーだと名乗った。彼らは、研修生の親族から私が取材に訪れることを聞き、村の入り口で〝警戒〟していたのである。

リーダー格の男が「村へは行かせない」と凄《すご》んだ。理由を問い質すと、彼は「（研修生の）両親が、会いたくないと言っている」と、ぶっきらぼうに答えた。「行かせろ」「行かせない」と一時間以上の押し問答が続いた後、彼らは「我々を押しのけて村の中に入ったら、お前の身の安全は保証できない」と、今度は脅しにかかった。

村に続く道は一本しかない。押しのけたくとも、彼らの車で前を塞がれている以上、進むことができない。しかも、私の運転手兼通訳が、すっかり怯えてしまった。無理もない、彼は地元に住んでいる以上、このトラブルによって今後、どんな不利益が待ち構えているのかわからないのだ。仕方なく、私はいったんその場を離れ、研修生の父親に電話を入れた。その前日まで取材に応じると約束していた父親も案の定、取材を断ってきた。理由は「欠条」だった。

父親は「申し訳ない」と詫びながら、次のように話した。

「日本の記者と会うことを、うっかり送り出し機関に漏らしてしまった。すると、連中は亡くなった息子との間で交わしたという四〇万元の欠条を持ち出してきたのです」

もしも記者と会ったら、四〇万元（約六〇〇万円）を支払え——。架空の借用書を持ち出し、送り出し機関はそういって父親を脅したのだ。

いったいなぜ、そこまでして父親と会わせたくないのか、正確な理由はわからない。チンピラもどきのブローカー連中は「とにかくダメだ」の一点張りであったし、送り出し機関も私の取材を拒否した。だが「木更津事件」をはじめ、研修生の起こした事件の背景には、必ずといってよいほど、送り出し機関による〝カネ〟の問題が絡んでいる。研修事業を単なるビジネスと捉える中国側としては、余計なことを日本のメディアに探られたくなかったのだろう。

「あなたと会ったら、送り出し機関へ四〇万元を支払うことになる。保証金も没収すると言われた。そうなれば一生分の借金をしなければならず、我が家は破滅します」――すすり泣きの混じる声で訴える父親に対し、私は何も言えなかった。彼は息子を失い、しかも、その息子は殺人まで犯している。親にとって、これほど辛いことはないはずだ。私は取材を無理強いすることもできず、村を離れるしかなかった。

暗黙のルール

本来、架空の借用書に法的効力などあるはずがない。しかし、法治ならぬ人治国家たる中国で、青臭い正論は通用しないのだ。送り出し機関の多くは、地元政府に直結している。いわば〝権力〟の一部門である。無学で貧しい農民は、たとえ理不尽な要求だとわかっていても、権力を前にしては黙って従うしかない。なんといわれようと、それが中国という国家における暗黙のルールなのだ。

こうした力関係を利用して、労働力輸出というビジネスがおこなわれている。研修生・実習生に人権も人格も認めていないのは、日本の経営者や受け入れ機関だけでなく、中国もまた同じだ。出稼ぎ労働者は商品でしかない。だからこそ、高額の保証金や罰金で縛りつけ、商品そのものが〝意志〟を持たないよう、管理している。保証金や欠条は、いわば身代金だ。そして日本側もそれを知ったうえで、外国人を酷使する。あえて例を持ち出せば、わずかな借金に対しても不動産などの担保を要求し、些細な理由をつけてそれを巻き上げるヤクザ系金融会社と、やっていることは違わない。
わが国における研修・実習制度の監督機関ＪＩＴＣＯは、制度の目的を次のように掲げている。

開発途上国等には、自国の経済発展と産業振興の担い手となる人材を育成する観点から、特に青壮年の働き手に先進国の進んだ技術・技能や知識を修得させようとするニーズがあります。このようなニーズに的確に応えるため、諸外国の青壮年労働者を一定期間日本の産業界に受け入れて産業上の技術・技能・知識を修得してもらう仕組みが、「外国人研修・技能実習制度」です。この制度は、研修生・技能実習生への技術・技能移転を図り、その国の経済発展を担う人材育成を目的としたもので、日本の国際協力・国際貢献の重要な一翼を担っています。
（ＪＩＴＣＯホームページより　※現在は削除）

笑うしかない。「日本に行けば儲かる」と、人買いのように農村をまわるブローカーが存在し、身代金を取る送り出し機関があり、「安上がりの人材だ」と企業に研修生を売り込む受け入れ機関があり、奴隷のように研修生を扱う企業が後を絶たないのだ。

これを人身売買と言わずに、なんというのか。

中国版JITCO

北京の中心部、高層ビルの一室に「中日研修生協力機構」はあった。同機構は日本への研修生送り出し団体の元締めともいえる、中国政府関連機関だ。いわば中国版JITCOである。私は同機構の受付で日本から来たジャーナリストであることを告げ、責任ある立場の人間と話がしたいと頼んだ。

受付の担当者は困惑した表情を浮かべながら、それでも私を会議室に案内した。しばらく待たされた後、私の前に現れたのは、同機構の広報担当・張翔如《ジャンシャルー》と、実務部門の担当者、許国雷《シューグオレイ》だった。私は約束もなしに来訪したことを詫びたうえで、「研修生問題」について質問した。

研修・実習制度が、果たして本来の目的・理念に沿って運営されているのか——。

私が話している間、彼らは退屈そうな表情を浮かべていた。指先で机の上をとんとんと叩いていたのは、早く終わらせろという意味だったのだろう。案の定、返ってきたのは箸にも棒にも掛からぬ、つまらぬ〝公式見解〟だった。

「なにか問題があるというのか。中国は中国のルールで労働者を送り出し、日本は日本のルールで受け入れている。うまくいっているではないか。実際、日本の経営者は喜んでいる。もちろん中国が送り出した人々も、技術を身につけ、そして金を持って帰る。みな、喜んでいる」

実務を担当する許の口調は力に満ちていた。それは、お前ごときの質問なんぞに答えてたまるかという〝拒絶〟の意思表示にも思えた。私は何も聞こえなかったフリをして、質問を続けた。

「わが国では多くの中国人研修生・実習生が劣悪な労働環境を強いられている。送り出し国の政府機関として、そのことをどう考えているのか」

「チッ」と舌打ちする音が聞こえた。

目の前の二人は両手をテーブルの上に置くと、ゆっくりと腰を浮かせ、「もう帰ってくれ」と面倒くさそうに言った。しかたなく私は挑発的な物言いをした。

「中国の送り出し機関の多くは、日本側の劣悪な労働環境に手を貸しているばかりか、手数料や管理費、保証金といった名目で研修生から多額の金をむしりとっている。社会主義国において、いつからこのような〝搾取〟が許されるようになったのか」

今度は怒声が響いた。

「何を言ってるんだ！　帰れ！」

許は、手にしていたシステム手帳を机に叩きつけると、仁王立ちして私をにらみつけた。そして二人は部屋から出て行ってしまった。

あらかじめ予想された対応ではあった。研修生問題で中国の関係機関を取材すると、多くの場合、こうした結果が待っている。

「我々は利益を出さなければならないのだ」

ときには筋違いの「反日感情」をぶつけられることもある。

「オマエは帝国主義者だ！」

山東省の送り出し機関「煙台国際経済技術合作有限責任公司」を取材した際、担当者はそのように私を罵った。同公司は、日本で働く研修生・実習生から毎月一万円を「管理費」の名目で徴収していた。単なる中間搾取である。当然、研修生らは管理費を負担することに抵抗し、支払いをやめた。すると、同公司は研修生から預かっていた保証金と実家の権利書を「罰として返却しない」と言い出したのだ。

私は担当者に、日本では研修生から直接に管理費を徴収することなど認められていないし、保証金の没収など許されることではないと指摘した。

担当者は顔を紅潮させ、机をドンドンと叩きながら大声で反論した。

「我々は福祉機関じゃない。ビジネスをやっているのだ。利益を出さなければならないのだ。お前はビジネスの邪魔をするために、わざわざ日本から来たのか。管理費の徴収がおかしい？　ふざけるな。研修生・実習生は我々に管理費を払う義務がある」

そして、「これを見ろ」と手元にあった書類を投げてよこした。研修生らと出国前に交わした「誓約書」だった。そこには確かに管理費の徴収を認める文言が記され、研修生のサインも残っていた。それが半ば強制的にサインを強いられた「誓約書」であることは、事前に聞いていた。

サインした一人は私の取材に対し「『誓約書』をじっくり読む時間も与えず、とにかく署名しろと迫られた。躊躇すると『イヤならば日本に行かせない』とまで言われた」と証言している。そもそも、この「誓約書」にサインした研修生は、管理費の項目があったことさえ知らなかった。

しかし担当者は胸を張って、私に告げた。

「ここにある『誓約書』がすべてだ。研修生たちは規則に違反した。だから保証金を取り上げる。どこが悪いのだ」

担当者の激昂に感染し、私もつい、ぞんざいな口調で反論してしまった。

「研修生はあなたと同じ中国人だろう。その言い方はないだろう。研修生の人権をどう思ってるんだ」

担当者は激怒した。

山東省にある送り出し機関

「じゃあ、我々の人権はどうなるんだ。ビジネスする者に人権はないと言うのか。オマエは内政干渉している。オマエは帝国主義者だ！」

確かに私が持つ「人権」なる概念を、一方的に押し付けたという点においては「帝国主義」的なのかもしれないが、そうしたこと以上に私が興味を抱いたのは、彼が何度も繰り返した「ビジネス」という言葉だった。

そう、彼にとって、研修生の送り出しとは完全に商売として認識されていたのだ。

もはや建前であるとは理解していたが、国際貢献や技術移転といった研修事業の本来の目的など、どこかに吹き飛んでいたことに、新鮮な驚きを感じた。

中国の送り出し機関の多くは「労働争議の禁止」「労働組合・市民団体との接触の禁止」を研修生に誓わせたうえで〝身代金〟を徴収している。労働者としての基本的な権利よりも、自らの「ビジネス」を優先させているところが、いまの中国の内実を表している。

保証金や欠条が「逃亡防止のために役立っている」と話す送り出し機関の担当者もいた。だが、「逃亡」を避けたいのであれば、まずは逃げ出したくならないような労働条件の整備こそが先決ではないのか。保証金を徴収しなければ研修生が定着しないといったシステムこそが問題なのだ。

公安による〝警告〟

なかには、カネで縛る以外にも、様々な〝荒業〟を駆使して研修生・実習生を恫喝するような、悪質な送り出し機関も存在する。

岐阜県の縫製工場で働く女性の研修生は、ある日、送り出し機関の日本駐在員から「話がある」と呼び出しを受けた。指定された岐阜市内のホテルの一室に駆けつけてみると、そこには中国公安（警察）の制服・制帽を身に着けた男が待っていた。男は「現職の公安だ」と名乗ったうえで、研修生に〝警告〟した。

「キミたちは会社の待遇に不満をもっているらしいな。もしも労働組合などに加入したら、帰国後、どんな不利益が待っているかわからないぞ」

実際、彼女はすでに地元の岐阜一般労組へ劣悪な労働条件を訴えていた。それを察知した送り出し機関は、わざわざ本国から「現職の公安」を、恫喝のために呼び寄せたのだ。これを知った岐阜一般労組の甄凱はすぐに送り出し機関へ抗議したが、制服姿の公安にすっかり怯えてしまった研修生はその後、労組から離れてしまったという。徳島県では、縫製工場で働く実習生が地元の労働組合へ加入したために、「家族を誘拐する」と送り出し機関から脅迫を受けるといった事件も起きている。

こうなると、ほとんどヤクザの世界だ。

送り出し機関の周辺でヤクザと公安が甘い汁を吸っていると指摘する者も少なくない。山東省の斉南という町で、日本から帰国した元研修生を取材したときのことだ。一通りの取材を終えた私のもとへ、当の元研修生から電話がかかってきた。

「今回の取材は、なかったことにしてほしい。あなたと会ったことが、送り出し機関にバレてしまった。記事になれば、私はこの土地で生きていけなくなる」

そんな大げさなことなのかと訝《いぶか》る私に対し、元実習生は怒気を含んだ声でこう言った。

「送り出し機関を支えているのは白と黒だ。この二つには逆らえない」

「白と黒」とは、公安（警察）と黒社会（ヤクザ）を指す中国の隠語である。

これが「国際貢献と技術移転」の現実だ。

国家ぐるみで推進される二十一世紀の人身売買である。

第七章　目に見えないラベル

妙なウワサと不思議な団体

二〇〇八年の夏ごろからだった。研修生・実習生受け入れ企業の多い東海地方で、妙なウワサを耳にすることが多くなった。私自身に関するウワサである。私が取材にかこつけ、企業からカネを脅し取っているというのだ。そこには、かなり具体的なディテールが伴っていた。

予告もなしに、私が研修生受け入れ企業を訪問する。そして「おたくの会社は法律違反を犯している。問題だから記事にする」と通告。当然、会社側は「記事にはしないでくれ」と懇願する。すかさず私は、「ならば三〇万円を払え」と凄む。企業は渋々、札束を用意する——というものだ。

それが事実であれば、私の貧乏暮らしなど一気に解消できたであろう。最初のうちは馬鹿馬鹿しくて放置していたが、そのうち真顔でことの真偽を訊《たず》ねてくる者が多くなった。それればかりか、一部のブラックジャーナリストが、私への裏取りもなしに、この〝問題〟を記事化しようと動いていることもわかった。そこまでくると、どんな輩《やから》が情報の発信源であるのか、確かめたくなった。

ウワサの出所を手繰り寄せると、「友の会」なる不思議な組織に行き着いた。同会の代表は大阪で土木会社を経営し、周辺には暴力団の影がちらついた。実際は、各地の地上げなどに関わっているらしい。だが、問題はそんなことではない。なぜ、その地上げ屋を母体とした「友の会」なる組織が、東海地方の企業に私に関するウワサを吹き込んでいるのか、ということだ。

入会金は三〇〇万円

実は、「友の会」は研修ビジネスに参入しようとしていた。それも受け入れやブローカーといった業務ではなく、企業の「用心棒」としての新規参入を図っていたのである。

ある縫製工場の経営者によると、「友の会」のメンバーを名乗る男たちが東海地方の縫製業者を軒並み訪問するようになったのは、〇八年に入ってからだという。黒いスーツに身を包んだ彼らは、いかにも「その筋風」ではあったが、口調は紳士的だった。

彼らはまず、「研修生たちのことで、色々とお悩みでしょう」と話しかける。

「最近は労組に駆け込む研修生・実習生も多いと聞く。労働行政も、昔と違って外国人労働者の待遇に目を光らせるようになった。このままでは、安心して経営を続けることができないのではありませんか？」

これがお決まりのアプローチだ。経営者が「その通りだ」と答えると、彼らはすかさず「友の会」への入会を勧めるのだった。

「ウチの会員になれば、あらゆる敵対勢力の侵入を防ぐことができる。労働行政も、労組も、そしてマスコミだって寄せ付けない。さらに研修生の管理・監視も手助けする。これで企業は安心して研修生の雇用を続けることができる」

こうしたセールストークのなかで、どこかで聞きかじった私の名前を出したのであろう（岐阜の縫製業界を何度も取材している私は、その極めて狭い範囲においてのみ、名前が流通しているらしい)。ある経営者は「安田というジャーナリストの取材には応じないほうがよい。あの男は評判が悪い。カネを脅し取ることが目的だ」と、「友の会」メンバーに言われたという。

ちなみに「友の会」の入会金は三〇〇万円。そのほかに月会費(研修生、実習生一名につき二〇〇〇円)と大阪からの出張手数料(ケースによって一回につき二〇万円から五〇万円程度)が必要なのだとか。

金額こそ馬鹿馬鹿しいほどに法外だが、目の付け所は悪くない。研修生受け入れ企業の多くは、労組や労働行政を嫌っている。これまでにも暴力団へカネを払って、労働組合を抑え込もうとした企業は少なくなかった。そして実際、「友の会」へ入会する企業が出てきたのである。

追い込まれる経営者の姿

最初に「友の会」と正面からぶつかったのは、前出の甄凱(岐阜一般労働組合)である。

研修生から労働条件について相談を受け、交渉のために当該企業へ出向くと、経営者は余裕の表情を浮かべて甄凱に告げた。

「私はあなたと話すつもりはない。交渉のすべては『友の会』に一任した」

甄凱は「団体交渉に白紙委任など認められない」と抗議したが、経営者は「とにかく『友の会』に任せたから」と逃げるばかりだ。仕方なく甄凱は経営者に教えられた「友の会」事務所に電話を入れ、交渉のためのアポイントを取った。

交渉当日。甄凱が指定された場所へ出向くと、ヤクザ風の男たち数人が待っていた。男たちは甄凱に向けて凄んだ。

「研修生の問題はオレたちに任せろ。あんたは引っ込んでくれ」

むろん、その程度で「引っ込む」くらいであれば、労組オルグなどやっているわけがない。甄凱は平然とした顔で応じた。

「邪魔なのは、あなた方だ」

これで交渉は決裂した。男たちは「ウチは全国組織がバックに付いている。気をつけろ」と捨てゼリフを残して去っていった。

あるときは別の研修生の案件で、「友の会」メンバー一〇人が岐阜一般労働組合の事務所を訪れたことがあった。彼らは事務所の中に入ると「あんたら、研修生を騙しているらしいな」と大声をあげた。経営者に依頼されたのか、「団体交渉から手を引け」と騒ぎ立てる。

これに対応したのは、同労組委員長の本間高道だ。学生運動上がりの本間もまた、度胸が据わっている。

「オレはなあ、ヤクザ者とは交渉する気がないんだよ。とっとと帰れ！」と一喝した。

その迫力に気圧《けお》されたのか、「友の会」メンバーは、やはり「我々の組織を甘く見るなよ」と捨てゼリフを残して去っていった。

企業から三〇〇万円もの入会金を取り、やっていることといえば労組への恫喝だけである。なんとも頼りない組織であるが、入会した企業の経営者は、私の取材に対して次のように答えた。

「彼ら（『友の会』メンバー）の素性など、どうでもいい。我々が本当に恐れているのはヤクザではなく、労働行政と労働組合なんですよ。この二つが介入すると、もっと大きな損害を被ることになる。なんとしてでも阻止したいんです。賃金が安くとも働いてくれる研修生がいなくなれば、企業の存続さえ危うくなるのですから。助けてくれるのであれば、素性が怪しい団体であっても、頼りたくなるのです」

研修生・実習生問題がクローズアップされるにつれ、経営者もまた、追い込まれていたのだ。「友の会」は、それをうまく利用したということになるのだろう。

代表との一問一答

私は「友の会」代表を務めるMに取材を申し込んだ。意外にもMは気安くそれに応じた。

Mとは大阪市内のホテルで会った。七〇に近い年齢でありながら、がっしりした体躯と、太い声、そして鋭い目つきは、ある程度の修羅場をくぐり抜けてきた人間特有の覇気に満ちていた。Mとのやり取りは、概《おおむ》ね次の通りである。

――なぜ、研修生受け入れ企業を対象に、商売しているのですか？

「商売？　言い方に気をつけろ。研修生と企業を守っているだけだ」

――労組を脅しているそうじゃないですか。

「オマエ、大阪湾に沈められたいのか？」

――「友の会」を暴力団と同一視する声があります。

「知らん。我々は安心して研修生の雇用が続けられるよう、企業の相談役、アドバイザーを務めている」

――その企業の側に法令違反があっても、企業を防衛するのですか？

「悪質な企業は許さない。徹底的に是正させる。困っている研修生がいれば、我々が守る」

――しかし、高額の入会金を取って……。

「カネの話はいい。我々の志は、労働組合とはそう違わない。いまの研修制度に対する認識だって、連中とそんなに変わりはない。ただ、やり過ぎはいかんと思っている。たとえ法令違反があったとしても、企業をつぶしてしまってはいけない。労組やマスコミは企業を批判するだけで、企業の将来、あるいは企業経営者の生活にはなんの関心も持たない。それこそが大きな問題だ。極端な話、研修生の待遇を向上させたいのであれば、企業の利益を増やすように仕向けたらいいのだ。我々は、そのための手助けをしている」

――しかし、手助けとはいっても、やっていることは、企業を助けるというのものではないか。他にどんな方法をもって、労組への脅しくらいのものではないか。

「我々の組織には、政財界の大物がついている。入管も労働行政もマスコミも抑え込むことができる」

企業の弱さと制度の甘さ

これ以上のやりとりを、ここで紹介する意味はないだろう。どんなに言葉を重ねても、彼らがしていることは、単なる用心棒ビジネスに過ぎないことは確かだ。しかも限りなくペテンに近い。Mは、広域暴力団の幹部や財界人、大手マスコミ記者などの名前を挙げて「協力者だ」と豪語したが、裏取りに走っても誰一人として、Mを知る者はいなかった。そして当然のごとく、このビジネスは長続きしなかった。

どんなに脅しをかけたとしても、結局、労働組合は企業への追及をやめなかった。「守ってやる」と言いながら、「友の会」は企業を守ることができなかったのである。彼らは企業から法外な入会金を取り、散発的に労組へ脅しをかけ、私のような無名ジャーナリストに関する与太話を経営者に吹き込み、そして〇九年の夏ごろ、突然に姿を消した。

三〇〇万円を「友の会」へ支払った、ある縫製業者は、吐き捨てるように言う。

「結局、あいつらは何だったたんだ。企業と研修生を労組の手から守る、なんてのは全部ウソだった。まったく許せないヤツらだ」

この業者は「友の会」に対して損害賠償を求めることも考えているという。

それにしてもだ。結果として私が興味を持ったのは、この詐欺師同然の集団ではなく、そうしたところへ頼らざるを得ない企業の弱さと、奇怪なビジネスを生み出した制度の脇の甘さである。

岐阜一般労組の本間が、ため息混じりに言う。

「研修生を雇用する企業のなかで、労働法令を遵守しているところなど、ほとんどないに等しい。だからこそ企業防衛の観点から、暴力装置を必要とするところも出てくる。そこまでしなければ、企業を維持することができないと思っている。暴力団の介入を許してしまうのは、研修・実習制度を利用するなかで企業自身がアングラな性格を帯びてしまったからにほかならない」

法令を無視し、研修生に劣悪な待遇を強いてしまった時点で、すでに企業は、越えてはいけない一線を、越えてしまっているのだ。そこに落とし穴が生まれる。

狂う経営者のアンテナ

JITCOなどの統計によれば、研修生・実習生を受け入れている企業のうち、半数以上を繊維、食品、機械金属の分野が占めている。農業（養豚、養鶏を含む）、水産業が、それに続く。いずれも構造不況業種であり、かつ人材（後継者）不足であることも共通している。しかも多くが中小・零細企業だ。そうした経営環境から生じる苦境が、経営者のアンテナを狂わせてしまうのも事実であろう。

前述した「木更津事件」で崔紅義が働いていた養豚場も、国際貢献などという建前とは程遠いところにあった。養豚場の経営者は私の取材に対し、次のように答えている。

「老夫婦だけで養豚場を経営してきた。後継者はいない。従業員を募集しても、応募してくる者は、ほとんどいない。苦労して働き手を見つけても、長続きする人はいない。このままではどうにもならないと思っていたところへ、研修生受け入れの話が持ち込まれた。最初は外国人を雇用することに抵抗はあったが、受け入れ機関の担当者は『難しいことは何もない。普通にパートを雇う感覚でかまわない』と説明するわけです。しかも安価な人件費でよいという。飛びつきたくもなりますよ。当初は、そんな条件で働いてくれる研修生という存在が、本当に待ち遠しかった」

最寄りの市街地まで車で三〇分も要する辺鄙《へんぴ》な場所において、老夫婦だけで養豚場を運営しているのである。老夫婦は良質な豚を市場へ出すことに誇りを持っていた。だからこそ土と飼料にまみれ、早朝から豚の世話に追われていた。満足に休日も取っていない。豚は休んでくれないからだ。けっこうな重労働である。慣れない人にとっては、豚の臭いにも耐えられないだろう。そうした職場環境で、どうやって働き手を集めたらよいのか。その困難さは十分に理解できる。

養豚場の老夫婦にとって、研修生（しかも二〇代の青年）は、まさに救世主そのものだった。

「外国人なくして農業を続けることはできない」と訴える農業関係者は多い。絶対的労働力不足のなかにあって、「安価な労働力」「若い労働力」「監理された労働力」、そして「短期ローテーション可能な労働力」である研修生・実習生は、農業再生の原動力としての期待を背負わされたのである。

零細経営者の慟哭

「研修生なくして」の分野でいえば、中小・零細の縫製産業は、その典型であろう。

岐阜県内のある縫製業者は、研修生受け入れに踏み切った理由を次のように述べた。

「八〇年代半ばに円高が進んで以降、国内縫製企業は海外製品との競争を強いられ、軒並み苦境に陥った。ガチャ万産業（ガチャッと織れば万札が懐に入る）などと呼ばれたのは大昔の話。いまは織れば織るほど赤字が増えるといった理不尽な産業です。私の会社も、倒産寸前まで追い込まれた。数年前、取引先のアパレル会社から、非情な選択を迫られたのです。コストの安い海外へ工場を移転して生産を続けるか、あるいは海外製品と同じコストで、国内で生産を続けるか。そのどちらかにしろ、というわけです」

アパレル会社は八〇年代後半から、下請けの縫製業者に対し工賃の切り下げを要求してきた。業者は「干されたくない」一心から、泣く泣くそれに応じている。だが、工賃切り下げ要求は、年々厳しくなる一方だ。当然、海外移転できるのであれば、とっくにそうしていただろう。むろん零細企業にそれだけの資力など、あるわけがない。アパレル会社はそれを知っているがゆえ、あえて選択を迫り、「イヤならば会社をつぶせ」と脅迫しているに等しかった。

「そんなときに研修生の受け入れを勧められました。人材確保と人件費削減が同時に実現できる。言い方は悪いかもしれないが、当初は、こんなに美味しい話があるのかと疑ったくらいです」

これによって、この業者はどうにか経営を維持することが可能となったのだ。

「いつ倒産してもおかしくない会社が、なんとか生きていられる、という程度にまで回復したに過ぎませんけどね。言い換えれば、研修生がいなくなれば、人手不足ですぐにでも倒産ですよ」

いわば、研修生・実習生という存在によって、縫製業者の多くはぎりぎりのところで「生かされている」のだ。

大手婦人アパレルから仕事を請け負う、別の縫製業者も言う。

「この二〇年で、工賃は半分にまで下がっています。たとえばデパートで定価七〇〇〇円で売られている婦人ものブラウス。私の工場では、一枚七五〇円の工賃で請け負っています。二〇年前の工賃は同じ定価のものであっても、一五〇〇円でした。ちなみに一枚のブラウスの縫製に要する時間は約一時間。つまり、時間にして七五〇円の売上げにしかならないわけです。このなかから人件費を含めた諸経費が出ていく。とてもじゃないが、日本人の従業員など雇うことができません。だからこそ研修生を受け入れるしかないのですが、実は、そのコストだって、けっして安いわけではない。確かに給与は日本人よりも安価ですが、受け入れるにあたっては、協同組合（受け入れ機関）へ、一人につき一〇万円の諸経費と、毎月三万円の管理費を納めなければならないのです。儲かっているのは受け入れ機関だけですよ」

過疎地の農場や、元請けからの無茶な要求に泣かされる縫製工場の経営者が追い詰められた挙げ句、さらに弱い立場の者を下部に置くことで、帳尻を合わせる。なんと残酷なピラミッドなのか。真っ先に傷つくのは研修生であり、そして、その責任を取らされるのは受け入れ企業である。大手スーパーも、デパートも、メーカーも、アパレル会社も、地場産業の衰退など知ったことではない。大企業から見れば、下請け工場や農場など、研修生同様「使いまわしのきく労働力」に過ぎないのだ。ミシンの軋《きし》む音は、研修生の悲鳴であり、零細経営者の慟哭《どうこく》である。

「国内産」「Made in Japan」——食料品や洋服に貼られたラベルを見るたびに、私は目に見えないもうひとつのラベルを想像する。

Made by Chinese——。

日本の地場産業を支える、外国人の姿だ。

第二部　日系ブラジル人、移民たちの闘い

第一章　デカセギと移民の血

イワモトに残された時間

その日、イワモト・カルロス（五二）は、いつになく上機嫌だった。

夕方の早い時間、「刺身盛り合わせ半額」の看板に誘われて、豊田市内（愛知県）の居酒屋へ入った。

二〇〇九年十二月三十一日。私はイワモトと一緒に年越しするのだと、以前から約束していた。さすがに店内はガラガラだ。私たちはビールで乾杯し、「半額」の刺身を手当たり次第に注文した。

生活保護を受けながら、ぎりぎりの生活を強いられているイワモトにとって、数ヶ月ぶりの酒だった。まるで高価な骨董品を扱うように、イワモトは大ジョッキを両手で慎重に持ち上げ、ゆっくり口許へ運んだ。

「いいね、ビール。すごくいいよ」

イワモトは嬉しそうに何度も繰り返した。

大晦日《おおみそか》だ。どうしても話題は「この一年」ということになる。派遣社員として働いていた自動車工場を解雇されて失業。求職活動。生活保護。病気——。イワモトにとってはこれまでの人生のなかで、最も過酷な一年であったはずだ。

実際、私はイワモトが苦しむ姿ばかりを見てきたような気がする。求職を断られ、がっくり肩を落として歩く姿。失業者でごった返すハローワークで何時間も待たされ、苛立つ姿。高熱を出して倒れた際、「保険証がないから病院へは行けない」と、か細い声で訴えたときの哀れな姿。深夜、「仕事が見つからない。もう、どうしていいのかわからない」と涙声で私に電話を寄こしたこともあった。

私はそのたびに、遠慮がちではあったけれど、ブラジルへ帰るのも選択肢のひとつではないかと話した。だが、イワモトは、どんなに絶望に打ちひしがれていても、帰国することだけは頑なに拒んだ。そんなとき、イワモトは気色ばんで反論するのである。

「ワタシ、なんのために日本に来た。働いて、お金貯めて、それからブラジルに帰る。いま帰っても、何もない」

おそらくその通りだろう。高い手数料と航空運賃を支払い、覚悟を決めて、地球の裏側から「デカセギ」にやって来たのだ。目的を達することなく帰国はできないというイワモトの心情は十分に理解できる。しかも、ブラジルへ帰ったところで就職の道が用意されているわけではないのだ。

「日本が好き」と話すイワモト・カルロス

振り返れば胸苦しくなるような話ばかりだ。しかし、久しぶりの酒でご機嫌のイワモトは、この日だけは湿った話題も笑い飛ばした。

「来年はね、きっと良いことあるような気がするよ。ワタシね、日本が好きだからね」

「良いこと」の根拠があるわけではなく、それでも酒の力を借りれば、強引に希望を呼び寄せることもできる。私たちは、何かあるかもしれないし、何もないかもしれない「来年」を想像し、ジョッキを合わせた。

入居者ひとりのアパート

居酒屋を出ると「寄りたいところがある」とイワモトが言った。立ち寄ったのは、近くのブラジリアン・スーパーだった。約一万五〇〇〇人の日系ブラジル人住民を抱える豊田市には、ブラジル食品を専門に扱うスーパーマーケットがいくつかある。そのうちのひとつだ。

ブラジル産の肉や缶詰、乳製品、調味料からCD、DVDまで所狭しと並べられた店内は、まるでリトル・サンパウロだ。BGMは陽気なブラジル音楽、手書きのポップはポルトガル語、もちろん店員も全員、ブラジル人である。

イワモトは顔見知りの店員ひとりひとりと握手しながら、ポルトガル語で話しかけていた。どうやら年末の挨拶を交わしているらしい。失業者のイワモトがなけなしの金を持って買い物に出かけると、同胞の店員たちは紙袋の中にそっと「おまけ」を忍ばせてくれたこともあったという。イワモトはその礼にまわっていたのだ。

私たちはこの店で、ブラジルでは最もポピュラーな酒であるピンガ（サトウキビでつくった蒸留酒）を買い、千鳥足でイワモトの住むアパートへ向かった。

愛知環状鉄道の三河豊田駅に近いアパートは、木造平屋建て、築三〇年以上。アパートというよりは長屋である。部屋の鍵はいまどき珍しい南京錠。トイレと炊事場、シャワー室はいずれも部屋の外にあり、住民共用だ。ちなみに六畳一間の家賃は八〇〇〇円である。

以前は派遣会社の寮で暮らしていたが、いわゆる〝派遣切り〟にあって、寮を追い出されてしまった。そこで「家賃が安いこと」だけを条件に市内を探し回り、一年前からこのアパートに住んでいる。

何度かここを訪ねているが、部屋の中がいつもきれいに整っていることに驚かされる。イワモトの性格なのだろう。ゴミひとつ落ちていることはなく、窓枠にホコリがたまっていることすらない。ベッドの上の掛け布団も、端をそろえて几帳面に折り畳まれている。とはいえ、部屋を雑然とさせるほどのモノがあるわけでもない。家具と呼べるのはベッド以外に小さな食器棚くらいで、あとは部屋の隅に小型の冷蔵庫と年代物のテレビが置かれているくらいだ。殺風景というか、色気がないというか、整然とし過ぎているだけに、どこか寒々しい。

いや、本当に寒い。安普請の部屋には、容赦なく隙間風が吹き込んでくる。

出力の低い電気ストーブの電源を入れ、私たちは、それぞれ毛布を寝袋のように身体に巻きつけて暖を取った。冬の夜を、イワモトはいつもそうやってやり過ごしている。

サンパウロ生まれの日系二世

「今夜は飲もうよ」。イワモトは嬉しそうに度数の高いピンガをグラスに注いだ。ささやかな二次会の始まりである。といっても酒に弱い私はすでにフラフラで、イワモトだけが、それをぐいぐいと呷《あお》った。

テレビを点けると、紅白歌合戦はすでに後半へ突入していた。

私たちは蓑虫のような格好をしてテレビの前に並んで陣取り、国民的番組に見入った。

新年までいよいよ残り三〇分に迫った頃、色合いの悪い画面に、北島三郎の熱唱姿が映し出された。大トリである。

イワモトも一緒になって歌いだした。調子っぱずれのコブシが、六畳一間に響き渡る。なんだかとっても楽しそうだ。

「やっぱり、演歌が好きなの？」

私が訊ねると、イワモトは「日本人なら演歌、好きだよ。当たり前だよ」と、ムキになって言い返す。

日本人、日系人をことさら強調するイワモトは、助詞の抜けた外国人特有の日本語を除けば、見た目もメンタリティも、確かに普通の日本のおじさんだ。サンパウロ生まれの日系二世ではあるが、厳格な両親から「日本人であることを忘れるな」と、言い聞かされて育ったという。

紅白終了間際、NHKホールを埋める観客の姿が映し出された。

「東京、人がいっぱいだね」。イワモトが独り言のようにつぶやく。

「豊田だって、人がいっぱいいるじゃない」。私がそう応じると、イワモトが続けた。

「東京に行こうかな」

「どうして?」

「仕事、あるかもしれない」

「そうかなあ。だいたい、東京ではブラジル人をあんまり見かけないよ」

「でも、仕事はありそうだよ。人がたくさんだから」

楽しそうに振る舞ってはいても、やはり、イワモトの頭の中は「仕事」のことでいっぱいなのだ。大晦日くらい、そんなことは忘れたらいいのに。

「生活保護、ずっともらうのはイヤだよ。早く仕事見つけたいよ」

「いいじゃん、生活保護は別に恥ずかしいことじゃないし」

もちろん、そんな理屈がなんの慰めにもならないことは、わかっている。イワモトはこの一年、休むことなく仕事を探し続けてきたのだ。

一ヶ月前も、私は求職活動するイワモトを、ずっとそばで見ていた。その日、イワモトはネクタイを締め、整髪料で白髪頭を七三になでつけ、豊田市内の人材派遣会社を軒並み訪問した。深呼吸して表情を引き締め、ネクタイの結び目を直してから、飛び込みで派遣会社のドアを叩く。そして数分後には、がっくり肩を落として外で待つ私のところへ戻ってくる。

「ダメだったよ」

しかめっ面で報告すると、イワモトは求職活動を記録しているノートに「Recusado」（拒否）と書き込む。その繰り返しだった。

優先的に採用されるのは日本人

いったいどんな「Recusado」をされるのか知りたくて、最後の一社だけは私も横に付き添った。

そこは日本語とポルトガル語、両方の看板が掲げられている派遣会社だった。

「こんにちは」

イワモトは深々と頭を下げてから、事務所の中へ足を踏み入れる。

「仕事、探してます」

なんの前フリもない、単刀直入なアプローチだった。

カウンター越しのデスクでパソコンを操作していた男性が、顔を上げてイワモトの姿を捉える。

「仕事を探しています」

イワモトは同じ言葉を繰り返した。

担当者は値踏みするようにイワモトの顔を凝視する。

「あなた、ブラジル人？」

「はい」

「年はいくつ？」

「五十二歳」

担当者は深くため息をついた。そして手のひらを横に振りながら、こう言った。

「ダメ、ダメ。日本人だって、その年齢じゃ仕事はないよ」

イワモトは何も言えずに立ち尽くしたままだ。

私は「彼の知人だ」と名乗ったうえで、イワモトにできる仕事は本当にないのかと、再確認した。担当者は次のように説明した。

「リーマンショック以降、このあたりで雇用の受け皿として機能していたトヨタ自動車の関連企業が、そろって人員削減を進めた。最近では一部の企業で雇用再開の動きもあるが、それでも企業が優先的に採用するのは日本人。それも、若くて体力のある人間か、よほどの熟練工に限定される。高齢のブラジル人ってのは、やっぱりキツイ。若くて健康で、日本人と同様に日本語を理解できるのであれば、可能性がないわけじゃないが……。もちろん、なんとかしてあげたいとは思うし、そのほうがウチの利益にもなる。でも、実際に求人がないのだから仕方がない。あきらめてもらうしかない」

皮肉なことだ。私なんかよりも、よっぽど「日本」を意識しているイワモトが、「ガイジン」として扱われ、求職をはねられてしまうのであった。

生活保護の申請をする

〇九年の夏には、豊田市内をただひたすら歩き回って仕事を探すイワモトに同行したこともあった。その頃はハローワークに出向いても、失業者で混雑し、何時間も待たされるばかりだった。しかも、ようやく求職相談の順番がまわってきても、肝心の仕事がなかった。だから、自力で仕事を探すしか、方法は残されていなかったのである。

その日もイワモトはきちんとネクタイを締めて、午前一〇時に家を出た。鉄道の高架沿いを歩くこと約一〇分。道路工事の現場に差しかかると、イワモトは足を止めて、工事中の作業員に話しかける。

「仕事を探しています。なんでもします」

ちょっと怪しい日本語に、作業員は怪訝な表情を浮かべた。そして求職の意思表示であることを理解すると、追い払うような仕草を見せた。

イワモトはペコリを頭を下げると、再び歩き出す。

「断られるのは当たり前。慣れているよ。何度でもチャレンジする」

イワモトはめげなかった。

次のターゲットは茶畑で作業中の老人だった。先ほどと同じように話しかける。老人はまじまじとイワモトの顔を見つめ、「ごめんなさいねえ。人を雇う余裕がないのよ」と済まなそうな表情を浮かべた。

行き当たりばったり、とはこのことだ。商店、農家、大型スーパーマーケット、ガソリンスタンド、駐車場、ビルの解体現場。とにかく手当たり次第に飛び込んでは求職の意思を示し、同じように断られる。

「なんだか効率が悪いような気がする。無駄なんじゃないかな」

私が指摘しても、イワモトは「そんなことない」と否定するばかりだった。

「絶対、どこかに仕事あるよ」

信念なのか意地なのか、とにかくイワモトは歩き続けた。照り返しの強いアスファルトの上を、汗だくになりながらひたすらに。

私は真夏の「同行取材」を一日で断念したが、イワモトは靴底を減らすだけの求職活動を、その後もしばらく、やめることはなかった。そして結局、飛び込みで訪ねてくるイワモトを受け入れてくれる会社はなかった。

イワモトが生活保護の申請をしたのは、それから二ヶ月後のことだ。渋るイワモトに、生活保護を受けるように勧めたのは私だった。すでに失業保険も切れていた。どんなに努力しても、仕事が見つかるあてはなかった。そもそも、その頃はすでに蓄えも底をついていた。生きていくためには生活保護を利用するしかない。

「仕事しないで、お金をもらうのはよくない」とイワモトは言った。

けっしてそんなことはない。日本に来てから六年間、自動車部品の工場で真面目に働いてきたではないか。きちんと税金を納め、日本が誇る自動車産業を支えてきた。何も恥ずかしがることはないのだ、生活保護は日本で生きていくための権利のひとつなのだと私は説得した。

ちなみにこの年、豊田市における生活保護申請は急増している。〇九年の申請数は約七〇〇件。前年と比較して約四倍の数字だ。企業城下町であることを考えれば、そこにイワモトのような非正規労働者の解雇問題が関係していることは、容易に想像できよう。

労働者の定番メニュー

そんなことを考えているうちに、時計の針が十二時を指した——。年明けだ。二〇一〇年が始まる。

「フェリス　アノ　ノーボ（新年おめでとう）！」

イワモトがグラスを高々と掲げ、ポルトガル語で叫んだ。このときばかりは陽気なブラジル人だった。

「握手しよう、握手」

イワモトが手を差し伸べる。浅黒くて、ゴツゴツした感じのイワモトの手は、労働者のそれだった。身体は痩せているのに、握力だけは強かった。そして指に浮かんだ無数のシワが、生活の波の荒さを連想させた。

私が想像する以上に苦労しているのだろうなあと思った。知り合ってからまだ一年足らずではあるけれど、その間に老けてしまったような気もする。少なくとも白髪は増え、細身の体型は、さらに肉を落としてしまった。最近では足腰の痛みを訴えることも多い。今年こそ、仕事を見つけることができるだろうか。やっぱり心配になってくる。

「アナタ、もう眠たい？」

イワモトが聞いてきた。

「ううん。まだ大丈夫」

「じゃあ、お正月のお祝いしよう。ブラジルのご飯、アナタに食べてもらうよ」

「いまから作るの？」

「温めるだけ。昨日から作っておいた」

イワモトは冷蔵庫の中から鍋を取り出し、「炊事場で温めてくる」と言うと、部屋の外へ出て行った。

しばらくして――湯気ののぼった鍋が私の前に置かれた。ブラジル人の大好物、国民食とも呼ばれるフェジョアーダだった。黒インゲン豆と豚の干し肉を煮込み、にんにくと香辛料で味付けしたものである。見た目は小豆色のカレーというか、肉の入った善哉《ぜんざい》に近い感じだ。味の想像ができないので、初めての人は必ずといってよいほど口をつけるのを躊躇する。ところが食べてみれば、これがなかなか美味なのだ。私はブラジルに出かけた際、毎日のようにフェジョアーダを食べていたが、少しも飽きることがなかった。

イワモトは皿の上にご飯とフェジョアーダを器用に盛り付け、「食べよう、食べよう」と急《せ》かした。

私たちは再び並んで腰掛けた。温かいフェジョアーダが、五臓六腑に沁みいるようだった。もともと、フェジョアーダは「奴隷の食べ物」だった。アフリカからブラジルに連れてこられた黒人奴隷が、農場主が余り物として捨てた肉と、野生の豆を用いて考案したといわれる。過酷な労働に従事していた奴隷にとって、フェジョアーダは汗で失った塩分を補い、体力を回復させるための、手っ取り早いスタミナ料理だった。それがいつしか「労働者の定番メニュー」として、ブラジル全土に普及したのである。

かつて移民としてブラジルへ渡った日本人も、フェジョアーダの世話になった。安い食材だけで手軽にできるフェジョアーダは、何の財産も持たない貧しい移民の胃袋を支えた。

〝移民の味〟

イワモトの両親は一九五〇年代に、移民として北海道からブラジルへ渡っている。当初は農園で働き、その後、サンパウロ市内の市場に食料品を扱う小さな店を構えた。「両親の苦労に比べれば、ワタシの苦労はたいしたことない」と、イワモトはよく口にする。移民にはそれぞれ、通常の生活者とは異なった「喪失と再生の物語」がある。多くの場合、それは貧困から抜け出すための闘いの歴史だ。イワモトの両親が北の大地を捨て、サンパウロで食料品店を営むまでにも、おそらく、筆舌に尽くしがたい苦闘の積み重ねがあったことだろう。

そしてサンパウロ生まれのイワモトは、両親とは逆のコースを辿り、いま、不況で揺れる地方都市で闘っている。だからイワモトのつくったフェジョアーダには、両親から受け継いだ「移民」の味がする。スパイシーな風味のなかに、甘さと苦味が混じりあう。イワモトが日本で辿った道程そのものに思えた。

気がつけば、窓の外では雪が舞っていた。

イワモトはカーテンを開けて「雪、雪！」と叫んだ。まるで宝物を見つけたかのような弾んだ声だった。私たちはスプーンを口にしたまま窓際に立ち、街灯の明かりに反射してキラキラ光る大粒の雪を眺めた。

「いつか北海道を旅行したい」とイワモトは呟いた。

両親の生まれ故郷である。子どもの頃に父親から、北海道の雪景色がどれほど美しいか、何度も聞かされた。雪の降らないブラジルで、白銀の世界を想像して楽しんだ。豊田の安アパートから見る雪景色は、北海道のそれとは比べものにはならないけれど、それでも深夜の住宅街が白く染まっていく様は、私たちをワクワクさせた。

「元旦に雪が降ると、その年には良いことがあるらしいよ」

私は適当なことを言った。イワモトはそれには何も答えず、ただ笑顔で窓越しに雪を見つめていた。

どんどん降れ、と思った。すべてを白く埋め尽くし、なにもかも帳消しにしてしまえばいい。「やり直すこと」で、移民はそれぞれの歴史をつくってきた。イワモトの体内には、そんな移民の血が流れている。二〇一〇年、きりの良い数字じゃないか。外の雪が見えるようにカーテンを半分だけ開けたままにして、私たちは再びバカ話に興じた。雪は朝まで降り続いた。

第二章　繁栄を支える

豊田市郊外の保見団地

イワモトと出会ったのは二〇〇九年二月二十一日のことだった。

その日、豊田市郊外の保見団地では、地域で日系ブラジル人などの支援にあたっているNPO法人「保見ヶ丘ラテンアメリカセンター」が主催する「一日派遣村」がおこなわれた。前年末に東京の日比谷公園で実施された「年越し派遣村」に倣い、派遣切りや雇い止めにあった生活困窮者の窮状を訴え、支援の輪を広げることを目的としていた。日系ブラジル人以外にも多くの失職者が集まったこの日は、医師や弁護士が健康・生活相談にあたり、また、夕方からはスープやカレー、サンドイッチなどが参加者に振る舞われた。このとき、炊き出しの手伝いをしていたのがイワモトである。

愛知万博の会場となった「海上の森」に近い保見団地は、約八〇〇〇人が暮らす大型団地である。そのうち半数の四〇〇〇人が日系ブラジル人を中心とする外国籍住民だ。これだけ多くのブラジル人を抱える団地は、わが国では他にない。

ブラジル人住民が多いのは、近隣にトヨタをはじめとする自動車関連産業の工場が集中しているからである。自動車産業はブラジル人にとって雇用の受け皿として機能してきた。多くは、派遣や請負といった間接雇用の非正規労働者として働いてきた。過去形を用いるのは、その頃、世界同時不況のあおりをうけて自動車産業が軒並み減産態勢に突入し、この地域に住むブラジル人労働者のほとんどがクビを切られていたからだ。

七〜八割が失業状態

「一日派遣村」を主催した「保見ヶ丘ラテンアメリカセンター」代表の野元弘幸(東京都立大学教授)はその日、私の取材に対して次のように答えている。

「団地に住むブラジル人のうち、七〜八割が失業状態にあるのではないか。ほとんどが間接雇用で、しかも外国人という理由から雇用契約がいい加減なケースも少なくない。雇用保険や社会保険に未加入という人もいる。いまは最悪の状況だ」

そうしたことから、派遣村には乳幼児を連れたブラジル人の家族連れや、食料を求めて遠方からわざわざ訪ねてきた人など、多くのブラジル人が集まった。ただし私が見たところ、団地内のブラジル人よりも、むしろ団地外に住んでいるブラジル人の参加者が目立っていたように思う。ブラジル人コミュニティに属していない、いわば孤立した状態に置かれたブラジル人失業者が、その切実さゆえに駆けつけたというケースが多かったのだろう。

イワモトも、そうしたうちのひとりだった。食材を運んだり、テーブルをセッティングするなど炊き出しの準備をしていたので、当初は主催者側の人間かと思ったが、話を聞いてみると、手持ち無沙汰なので手伝っているのだという。

「みんなで助け合わないとね。食べ物もらうだけじゃよくないよ」とイワモトは言った。

夕方から始まった炊き出しには、約一〇〇人の参加者が、スープの入った大鍋や、ブラジル風サンドイッチの前に長い列をつくった。イワモトは、子どもたちを列の前方へ誘導したり、あるいは報道陣にまで食料を配って歩いていた。気配りの人間でもある。

その晩、私は初めてイワモトのアパートへ寄った。話を聞きたいという私を、わざわざ自宅へ招いてくれたのだ。イワモトは押入れの中からアルバムを取り出して私に見せた。ほとんどが、サンパウロに住んでいる自分の子どもの写真だった。

「大きい女の子は、いま十八歳。下の男の子は十七歳。寂しいね。会いたいよ。子どものことを思うと、いつも頭がボニョボニョになるよ。でも、ワタシ、子どものために働いてきた」

イワモトは愛しそうな表情を浮かべながら、じっと写真を見つめていた。たぶん頭の中は「ボニョボニョ」になっていたに違いない。

貧しさから抜け出すために

イワモトはサンパウロで小さなマッサージ店を経営していた。カイロプロテクターの資格も取り、本格的な施術が売りだったというが、商売としてはそれほどうまくいってはいなかったらしい。日本への「デカセギ」を考えたのは、子どもの教育資金と老後に必要な資金を貯めるため。そして、夫を亡くして、いまは一人暮らしをしている母親のための介護資金も必要としていた。要するに、貧しさから抜け出すためである。

周囲の日系人の間でも「デカセギ」はブームになっていた。稼いだ金で家を新築したり、商売を始めるといった「成功話」も珍しくはなかった。当時、サンパウロの日系人街を歩くと、人材ブローカーが毎日のように「日本で稼ぎませんか」と書かれたチラシを配っていた。

「デカセギ」の斡旋会社に手数料と渡航費を支払い、日本へ渡ったのは二〇〇三年のことだった。

生まれて初めて飛行機に乗った。ニューヨークを経由して日本へ向かう間、期待で胸が膨らんだ。両親の祖国を訪ねることが、単純に嬉しかった。両親は一ヶ月もかけて船でブラジルへ渡った。自分は逆のコースを、たった一日で辿っている。そう考えると、なにか感慨深いものもあった。

登録した派遣会社によって、最初に配属されたのは豊田市内の自動車部品工場だった。時給は一二〇〇円。エンジン部品を溶接する仕事だった。同僚のほとんどが自分と同じ日系ブラジル人だった。工場勤めは初めての経験だったが、仕事はブラジル人の〝先輩〟が親切に教えてくれた。派遣会社の担当者も日系ブラジル人だった。だから社内での〝標準語〟はポルトガル語だった。単純作業であったし、仕事において言葉に困ることはまったくなかった。おまけに豊田にはブラジル人が経営するスーパーやレストラン、中古車店まであった。日本語を話すことができなくても十分に生活できる環境があった。

六年間も日本で生活していながら、イワモトの日本語がいまひとつ怪しいのは、こうした環境に長く置かれていたせいでもある。そのことが後に大きなハンディになるとは、イワモトも、あるいは他の多くのブラジル人も想像することはできなかったであろう。異国で放り出されたとき、言葉の問題は大きな壁となる。

イワモトの場合、両親が日本生まれの日本人なので、日本語は多少の素地がある。しかし小学校から高校までずっと、ポルトガル語で教育を受けてきた。社会人ともなれば、ますます日本語を使う機会は減ってくる。そのあたりが、ひたすら日本語を使い続け、守り続けてきた一世との違いである。

デカセギ最大の成果と誇り

仕事は思いのほか重労働で、連日の残業も四〇代半ばの身体には堪えた。だが、そのぶん給与は悪くなかった。一ヶ月に三〇万円を稼ぐこともあった。毎月、寮の家賃四万五〇〇〇円と最低限の生活費だけを手許に置き、出国時の借金（渡航費と手数料）を分割で返済し、残りを家族に送金した。その後、イワモトの仕送りによって、二人の子どもは大学に進むことができた。それがイワモトにとって「デカセギ」最大の〝成果〟であり、〝誇り〟でもある。

当時はまだ、自動車産業は活況を呈していた。自動車関連企業が集中する愛知県は、「日本で一番元気な地域」だと言われた。増収増益を重ねるトヨタを頂点に、東海経済は日本を牽引していた。もちろん、そうした繁栄を支えていたのは日系ブラジル人をはじめとする非正規の労働者であった。正社員よりも安価なコストで、しかも工場側が雇用責任を負うことのない非正規労働者は、重労働職場の人材不足を補い、使いまわしのきく安上がりの人材として、自動車産業に貢献したのである。そして、「一〇〇年に一度の大不況」が数年先に迫っていることなど、その頃は誰も知る由もなかった。

イワモトは豊田市の工場で三年間働いた後、次は豊橋市の自動車部品工場に移った。トヨタの高級車であるレクサスやセルシオのボンネット部分の溶接を請負うこの工場は、時給が一三〇〇円だった。

働くだけでなく、ささやかではあったけれど、生活を楽しむ余裕がでてきた。休日には豊橋の海岸で魚釣りをするようになった。仕事を終えてから、同じブラジル人の同僚たちとボウリングやバーベキューをする機会も増えた。ブラジル人が経営する自動車販売店で、安い中古車を購入したのも豊橋時代である。

イワモトのアルバムには、その頃の写真も数多く収められている。そこには、私の知らない陽気なイワモトの姿があった。キャンプ場で、カラオケ店で、ブラジル人の仲間たちと楽しそうにしているイワモトの表情は、現在の落ち込んだ姿とは別人のようだ。重労働をこなし、仕送りを続けながらも、イワモトは日本を堪能していた。

二〇〇八年、派遣切りが始まる

伸張を続けるわが国の自動車産業に翳《かげ》りが見えてきたのは、二〇〇八年の夏である。米国ではサブプライムローン問題をきっかけに住宅バブルが崩壊。これによって資産価値の暴落が起こり、同年九月、名門投資銀行のリーマン・ブラザーズが経営破綻した。いわゆるリーマンショックである。米国経済に対する不安が広がり、ついには世界的な金融危機、同時不況へと連鎖した。

その影響は間髪を容れず、日本の自動車産業に波及した。国内外の需要低迷に対応するため、たとえばトヨタは同年八月には早くも九州工場で八〇〇人の派遣・請負社員を解雇している。さらに秋になると「派遣切り」は全国の工場、関連企業に広まった。

イワモトの働いていた工場でも、その頃から「派遣切り」の兆候が見えるようになった。まず、残業がなくなった。退職者が出ても、人員補充がおこなわれなくなった。職場のリーダー格のブラジル人から「需要激減でウチの工場にも仕事が回ってこない。いずれリストラがおこなわれるに違いない」と打ち明けられたのは一〇月半ばのことだった。

十一月の終わり頃、ついに工場で働くブラジル人全員の契約が打ち切られた。派遣会社の担当者と工場の幹部社員がイワモトに告げた。

「仕事がなくなった。申し訳ないが、自力で他の仕事を探してほしい」

失ったのは仕事だけではない。派遣会社が民間アパートを借り上げていた寮からも追い出された。

派遣労働者に退職金はない。わずかな貯金を切り崩し、当初は失業手当を受給しながら、職探しに奔走することになる。そんなときに、私はイワモトと知り合ったのだった。

「あまりに簡単にクビを切られた」と嘆くイワモトに、私は「もっと怒ったほうがいい」と強い調子で言った。たとえ非正規であっても、何年も働いてきた労働者を、補償もなく追い出すような企業が許せなかった。実際、地域の労働組合に加入して、派遣先、派遣元両方の企業を相手に闘っているブラジル人労働者も少なくない。そういう方法もあるのだとイワモトに迫った。

だが、イワモトは私の忠告じみたおせっかいには何の興味も示さなかった。

「景気が悪いのだから仕方ない。会社だけに責任があるわけじゃない」と言うばかりだ。

それは「諦め」というよりも「焦り」だったのかもしれない。年齢を考えれば、いつまでも立ち止まってはいられない。ブラジルに残してきた子どもや親のことを思うと、イワモトは先を急ぐしかなかった。そして私は定期的に豊田を訪ねては、イワモトから求職状況を聞きだすようになった。

敗者の記録

ハローワークに提出するための「求職活動状況申告書」を見せてもらったことがある。失業手当を受給するために必要な書類だ。ブラジル人用にポルトガル語のフォーマットとなっている。「仕事を探したところ」「紹介を受けた会社」「仕事の内容」「会社との接触方法」「結果」の項目が日付順に並び、そこへ書き込んだ上で、ハローワークに提出する。

イワモトが書き込んだ「申告書」は、まさに〝敗者の記録〟だった。「結果」の項には「Recusado」（拒否）、「Aguardando」（返事待ち）の文字だけが、ずらっと記されていた。もちろん「Aguardando」しても、色よい返事があったためしはなかった。求人を断った企業の名前が、墓碑銘のように連なっていた。

そもそも求人を出している企業が少ない。そのうえ外国人には言葉のハンディキャップがある。イワモトの場合、そこに「年齢」のハンディキャップも加わる。言葉の不自由な高齢の外国人が働ける職場といえば、やはり単純作業の工場しかない。そこが最も不況の直撃を受けているのだから、あまりにも分が悪過ぎた。

冬が終わり、春が過ぎ、夏を越えて、それでもイワモトは仕事を求めて走り続けていた。前述した非合理的な〝飛び込み求職〟は、失業手当の切れた夏場から始めたが、体力だけを消耗させ、何の収穫もないままに、二つも年をまたいでしまったのである。イワモトは失業手当の期限が切れても、求職活動のたびに「Recusado」とノートへ記す習慣だけを身に付けた。

「いつ、景気は良くなる?」

私と会うと、イワモトは必ず聞いてきた。

私はエコノミストじゃないから、先のことなどさっぱりわからない。

「たぶん、もうちょっと先」

そんないい加減な言葉でごまかすしかなかった。イワモトが期待しているのは、いや、期待せざるを得ないのは「景気の回復」だけなのだ。

企業の社会的責任はどこに――

それにしても――。私はやはり、大量のブラジル人失業者を生み出した企業に、腹が立って仕方がない。特に、価格競争力を確保するため、積極的・戦略的に〝安上がりのブラジル人〟を雇用していた自動車関連産業の無責任さには呆れるばかりだ。

私はブラジル人労働者の首切りをおこなった企業のいくつかを取材したが、その多くは「首切り」を否定したうえで、「雇用期限・派遣期限の延長、更新をしなかっただけだ」と答えた。建前としてはそうなのであろう。これら企業はブラジル人を直接雇用しているわけではなく、派遣や請負といった形で労働力を確保してきた。だからなのか、「ウチは人件費の調整を派遣会社に伝えただけだ」と、すべての責任を派遣会社に押し付ける企業もあった。利益のために不安定雇用を続けてきた自らの責任について言及した企業は皆無だった。こんな都合の良い話があるだろうか。

元トヨタ社長の奥田碩《ひろし》は日本経団連会長を務めていた二〇〇六年、「今後、日本は外国人労働者を積極的に受け入れるべきだ」と発言したことで知られる。文化と価値観の多様性は社会に活力を与えると信じている私にとって、それは耳障りな言葉ではなかった。しかし、トヨタ関連企業からブラジル人をはじめとする非正規労働者が一斉に追い出された現状を見ると、奥田は企業防衛の観点から安上がりで、いつでもクビを切ることのできる労働者が欲しいだけではないのかと疑ってしまう。

何度でも言う。ブラジル人を雇用することで助かってきたのは誰なのか。企業が社会的存在であるのならば、では、失業者の増大について、企業は社会的責任をどう考えるのか。

企業は責任を引き受けることを、いつまで「Recusado」するのか。

第三章　「例外的に自由に働ける外国人労働者」

きっかけは一九九〇年の入管法の改正

海外に居住する日系人の「デカセギ」ブームが始まったのは一九九〇年である。この年、入管法が改定され、日系三世までの日系人およびその配偶者の定住資格が認められるようになった。

わが国ではそれまで、日系人の就労は短期に限定されていた。二世に限っては日本人の家族という形での在留資格が認められていたが、その期限は最長三年間であった。そうした事情から、日系人が長期間、日本で就労することは法律上不可能であった(日本国籍を持つ一世の場合は、長期間、在住国を離れると永住権が失効してしまうといった事情があった)。八〇年代後半から、ブラジルでは一世、二世による短期の「デカセギ」が広がりを見せるが、それでも九〇年の入管法改定以前は、日系人の間でも特殊な事例として認識されていたらしい。

デカセギ事情に詳しい、ブラジルの日刊邦字紙「ニッケイ新聞」編集長の深沢正雪によると、「八〇年代はまだ、ブラジルの日系社会ではデカセギを否定的に捉える人が多かった。特に移民として苦労してきた一世たちの間からは『デカセギは移民の恥』といった声すら強かった」

という。カネのために日本へ渡ることは、開拓者としてのプライドが許さなかったのであろう。

ちなみに深沢自身は日本生まれの日本育ちだが、一九九二年、大学卒業後にブラジルへ渡り、「ニッケイ新聞」の記者となった。その後、九五年には自らが「デカセギ」者となって日本へ一時帰国し、ブラジル人集住地域のひとつである群馬県太田市で四年間、派遣労働者として働いた経験を持つ。私はサンパウロで深沢に会い、日系社会について多くの示唆を受けたが、それについては後の章に譲るとしよう。

「デカセギブーム」の背景

さて、九〇年の入管法改定によって「デカセギ」に関する〝縛り〟がなくなったことで、三世までの日系人は「定住者」としての資格が与えられ、自由に就労することが可能となった。これにより、ブラジルから、あるいはペルーやボリビアから、多くの日系人が「デカセギ」のために日本へ渡ったのである。

むろん、ボリュームとして最大の「デカセギ」者は、日系ブラジル人であった。ブラジルは世界最大の日系人居住地で、約一五〇万人の日系人が住んでいる。それだけに日本とのつながりも深く、就労のための様々なルートが確立されていく。

ブラジルの日系社会で否定的に捉えられていた「デカセギ」が、一気に本格化するに至った背景には、ブラジル経済の混迷が存在する。長きにわたるインフレによって、一般庶民の暮らしは疲弊していた。特に都市部の日系人は商業・サービスの分野で働く者が多数を占めていたため、消費低迷の直撃を受けたのである。

九〇年当時、日本とブラジルの賃金格差は一〇倍にも広がっていた。つまり日本で一年間働けば、ブラジルにおける一〇年分の給与を得ることができたのである。こうしたことから「デカセギ」への注目が集まり、ブームとなって全土へ拡大したのであった。

一九八五年、日本におけるブラジル人の外国人登録者数は、わずか一九〇〇人に過ぎなかった。それが九〇年には五万六〇〇〇人にまで増えている。そして現在（※二〇一〇年当時）、わが国にはデカセギ者とその家族、永住権取得も含めて約三十一万人のブラジル人が居住するまでになった。

日本の側にも、日系人の受け入れ拡大を必要とする理由があった。

前述したように、わが国ではそもそも、外国人が単純労働に従事することが禁じられている。しかし八〇年代半ばから、グローバル化の波及で無資格で就労する外国人が増大した。いわゆる「不法滞在」と称される人々である。人手不足に悩む各種工場や建設現場、サービス産業などの「３Ｋ職場」では、安価な賃金で働く無資格就労の外国人は歓迎された。研修生同様、雇用の切り札とされたのである。

これに危機感を持ったのが日本政府である。外国人の単純労働禁止は〝国是〟である。是が非でも保守しなければならない。しかし単純労働者が絶対的に不足していることも事実だった。そこで苦肉の策として実施されたのが、前述した入管法改定なのである。

改定では日系人に対して制限無しの「定住資格」が与えられた一方、資格外の外国人を雇用した企業に対し罰金を科すなどした「不法就労助長罪」を設けた。つまり「不法就労者」の一掃と、日系人の受け入れ拡大という政策が同時に実施されたのである。法体系を崩すことなく、単純労働者の確保を目指す、なかなかの奇策であった。しかも日系人の受け入れ拡大は「血統主義」に基づいているため、他の外国人より優遇されることに対しての風当たりも少ない。要するに、よく練られた「国策」によって、日系人受け入れの門戸を広げたのである。

こうしてブラジル人は、「例外的に自由に働ける外国人労働者」として、わが国の雇用における合法的供給源となった。

大不況で初めて浮き彫りになる

ブラジル人の雇用の受け皿となったのは、主に自動車産業と、精密機械産業である。基本は単純労働であり、しかも労働力不足に悩まされていた。また、日本語のコミュニケーションを必要としない単純労働の職場環境は、ブラジル人にとって願ってもない働き口だった。企業の側からすれば、これで一気に労働力不足が解決できるばかりか、派遣などの間接雇用である以上、いざというときには人員整理もしやすい。両者の相性は悪くなかった。

そうしたことから、これら産業の工場が集中する地域、具体的には北関東と東海地方にブラジル人の多くが流入したのである。

現在（※二〇一〇年当時）、最も多くのブラジル人を抱える自治体は浜松市（静岡県）だ。ブラジル人人口は約二万人である。また、人口比率でブラジル人の占める割合が最も高いのは、群馬県の大泉町。人口約四万人のうち、五〇〇〇人がブラジル人である。人口比率は十二％。浜松も大泉も、大規模な自動車工場、関連産業が多く存在することで共通している。また、やはり自動車工場が集中する愛知県内では住民の半数がブラジル人という団地もいくつか出現した。

こうしたブラジル人コミュニティが増えていくなかで、コミュニティ自体を商圏とした新たなサービス産業も増えていった。ブラジル人集住地域で真っ先に目に入るのは、客も店員もブラジル人というブラジリアン・スーパーである。さらに、ブラジル料理のレストラン、ブラジル映画・テレビ番組を専門とするレンタルビデオショップ、中古車店、ブラジル人の若者に人気のあるタトゥーショップなども目立つようになった。

九〇年代後半からは日系ブラジル人向けのケーブルテレビ局やＦＭ放送局、ポルトガル語の雑誌を発行する出版社など、いわゆるエスニックメディアも相次いで設立された。

また、「デカセギ」の長期化、永住化も進行してくると、ブラジル人の子どもを対象とする学校(ブラジル人学校)も、各地で設立が進められた。これらは、わが国の学校教育法一条に定められた「学校」(通称、一条校)としては認められず、あくまでも私塾扱いされてはいるが、ポルトガル語教育を重視する家庭の子ども、あるいはイジメなどによって日本の学校に馴染めない子どもたちにとっては、必要不可欠なものとして機能している。

つまり、ブラジル人は朝起きてから夜寝るまで、ポルトガル語だけで十分に生活が可能となるようなシステムを構築したのである。

これがブラジル人にとっての強みであり、同時に最大の弱点ともなった。

二〇〇八年の世界同時金融危機、即ち「一〇〇年に一度の大不況」は、ブラジル人を職場から放逐し、一部の人は派遣会社にあてがわれた「寮」からも追い出された。生きていくためには、仕事を求めてコミュニティの外に足を延ばし、慣れぬ日本語と格闘するしかなかった。

「デカセギ」日系人にとっては、初めて味わう過酷な試練であった。同時に、外国人受け入れのための何の政策も持たず、都合よくブラジル人を雇用してきた国と企業の身勝手さも露呈した。そして皮肉なことに、大不況は日系ブラジル人という存在を、初めて社会のなかで浮き彫りにしたのである。仕事を失ったブラジル人が、日本人の失業者と仕事を奪い合う光景すら見られるようになった。コミュニティの境界が曖昧となり、日本人は「サッカーとサンバ」以外のブラジルが身近に存在することを知った。

私はこの時期、不況で揺れる主に東海地方のブラジル人コミュニティを訪ね歩いた。

以下は、その記録である。

第四章　共生への実験

小さなブラジル

保見団地（愛知県豊田市）へ初めて足を運んだのは二〇〇八年末のことである。全住民（約八〇〇〇人）の半数近くがブラジル人だと聞いて、以前から興味を持っていた。

人によっては評判が良かったり、極端に悪かったり、その振幅の激しさに驚かされる保見団地だが、一見して、どこにでもある普通の団地ではないかと思った。無機質な四角い建物の群れは、かつて〝団地少年〟だった私には、むしろ郷愁さえ呼び起こす風景だった。

しかし団地内を歩き回るうちに、印象は一変した。多くの人が形容するように、「小さなブラジル」が広がっていた。

まず、行き交う人の多くが、南米系の彫りの深い顔立ちをしていた。耳に飛び込んでくるのは情感豊かな響きを持つポルトガル語で、団地内の看板も、日本語とポルトガル語が併記されていた。ショッピングセンターにはブラジル食品の専門店があり、フードコートを覗くと、エスニックな香りが鼻腔をくすぐった。道ですれ違った若い男女が、軽く抱擁しながら互いの頬にキスをした。ブラジル式の挨拶である。団地のエレベーターホールでも、両頬にキスを交わす中年の男女を見かけた。悪くはない光景だと思った。里山に囲まれた丘陵地で、南半球のリズムが通奏低音のように流れていた。

ブラジル人女性と言葉を交わす

その日、私はレンタカーで保見団地を訪ねていた。初めてなので公共駐車場の場所がわからず、歩き回っている間は団地内の狭い路地に車を停めた。車に戻ると、近くに立っていたブラジル人女性が「そこ、危ないよ」と声をかけてきた。

保見団地は「小さなブラジル」

「さっきパトカーを見た。ここは無断駐車するとうるさいよ。気をつけたほうがいい」

私は無断駐車の非を詫び、せっかくなので保見団地は居心地がよいかと訊ねてみた。

「ここにはたくさんのブラジル人がいる。友達いっぱい」

そう答えが返ってきた。

彼女は「アナ」と名乗った。いかにも「太陽の国」から来たのだと思わせる弾んだ笑顔と、言葉を補う派手な手振りが、私の目には眩《まぶ》しく映った。夫と二人の子どもがいるという。不自由な日本語のなかから苦労して単語を選び出し、それでも親切に私の相手をしてくれた。

二〇〇五年に来日し、保見団地には二年前から住んでいるという。夫は、やはり失業中だった。「機械の工場」に勤めていたが、一ヶ月前に解雇された。彼女自身は隣接する岡崎市の食品工場でパート勤めをしている。

「時給八〇〇円。ご飯も食べられる。いい職場」と言って笑った。

夫の失業に対しても、それほど深刻に考えてはいないようだった。

「新しい仕事は、いつか見つかる。いま、みんな、仕事がない。みんな同じ」

苦労しているのは自分たち家族だけではない、ということなのだろう。ここではブラジル人住民の半数以上が失業者なのだ。やさしさと楽天主義に満ちた言葉が、ちょっと身構えて団地を訪ねた私の耳には心地よかった。

しかし、これから先、仕事が見つからなかったらどうするのか。ブラジルに帰ることも考えているのかと私は聞いた。

アナは少しばかり考え込んだ後、にっこり微笑みながらこう言った。

「神様がいるね。大丈夫」

手を振りながら去っていくちょっと艶っぽい肝っ玉母さん、アナの後姿を見ていると、確かに神々しいオーラのようなものを感じた。たぶん、この人には神が宿っている。

増える「居候住民」

一方で、神に見放されたような表情をした中年男性のブラジル人とも出会った。

彼は公園でタバコを吸っていた。私も横に並んで一緒に煙をくゆらせた。

ヒガ・カルロス（四三）。市内の別の場所から保見団地に引っ越してきたばかりだという。

「派遣会社の寮を追い出された。住むところがないので、団地に住む友達に頼んで居候させてもらっている」と話した。

派遣切りで仕事と家の両方を失った。新たに家を借りる余裕がなく、保見団地の友達を頼った。友達は四人家族。そしてヒガは三人家族。二ＤＫの家に七人で暮らしているという。

「友達には感謝している。でも、狭くて窮屈。子どもたちがかわいそう。早く仕事と家を見つけたいけど……」

と言って顔を曇らせた。

実は大不況以降、保見団地において、こうしたケースは珍しくない。住民登録にカウントされない「居候住民」が増えているのだ。後に団地でおこなわれた「派遣村」で知り合ったブラジル人男性（五五）などは、やはり派遣会社の寮を追い出されてここに住む知人を訪ね、「二ＤＫに一〇人で暮らしている」と話した。

前出「保見ヶ丘ラテンアメリカセンター」代表の野元弘幸によると、「それがブラジル人特有の助け合い精神」だという。

「ブラジル人の多くは大家族主義。多人数で暮らすことに慣れている。そして困っている人がいると見過ごすことができない優しさを持っている。失業者がこれだけ増えても、日本人のようにホームレスになる人が少ないのは、こうした相互扶助の気質に助けられているおかげかもしれない」

ブラジル人ならではのセーフティネットだ。

約四〇〇〇人のブラジル人が集まって暮らす保見団地は、日本のブラジル人社会にとってシンボリックな存在だ。それゆえに「保見団地へ行けばなんとかなる」といった話すら、ブラジル人社会に浸透している。

「日本は好き、だけど……」

ヒガの話に戻そう。彼は二〇〇六年に来日し、最初は広島県の造船工場で働いた。瀬戸内海の風景が気に入ったという。山の緑と、穏やかな波。瀬戸内海には、ブラジルで思い描いていた、正しい日本の田舎の風景があった。

二年後、さらに給与の高い仕事があると聞いて豊田市へ移った。豊田は広島と違って、風景がくすんで見えた。海もなかった。ただし、街中にブラジル人の姿があった。

どこに行ってもポルトガル語の表示が目につき、安心できた。

自動車部品工場の派遣社員となった。時給一三〇〇円。造船工場よりも三〇〇円も高かった。ここで頑張って働いてカネを稼ぎ、いつかブラジルに家を建てたいと思った。ところが、働き始めて一年も経たないで、ブラジル人全員がクビ切りを通告された。派遣契約が切れる前の解雇は納得できないと皆で抗議したが、派遣先の工場幹部は「仕事が途絶えたのだからしかたない」と冷たくあしらい、派遣元の担当者も「他に仕事を見つけてやる」と言ったきり、その後は何も連絡がないという。

「日本に来て三年。まだブラジルに帰るわけにいかない」

ヒガはうめくように呟いた。

定期的にハローワークを訪ねている。いくつかの派遣会社にも、求職の電話を欠かさない。ポルトガル語の求人誌にも目を通している。だが、なかなか仕事が見つからない。

「仕事さえ見つかれば、日本中、どこにでも行く。まだまだ働きたい」

別れ際、日本は好きかと訊ねた。ヒガは即答した。

「好きだよ。清潔。安全。ブラジルみたいに銃を持った子どもはいない」

じゃあ、日本人のことは？

今度は少しばかり、言葉が発せられるまでに時間を要した。

「う〜ん。日本人は礼儀正しい。真面目。清潔好き。あまりウソもつかない。でも、どこかでブラジル人をバカにしているような気もする」

ヒガは日本人の印象をこう語った。工場で問答無用の解雇にあった経験が、そうした日本人像をつくりあげているのかもしれない。だが、私はそれからもブラジル人と接するたびに同じ質問を投げたが、「日本が好き」と答える者は多かった反面、「日本人が好き」と答えた者は少なかった。というより、ブラジル人の多くは日本人との交流を持たず、日本人の友人がいると話す者は極めて少なかった。そもそも、日本人を「知らない」のだ。

微妙な溝

後に詳しく触れるが、私は取材でブラジルを訪ねた際、知り合った多くの「デカセギ」経験者にも同様の質問をした。ブラジルに帰った日系人からは、次のような答えが返ってくる場合が多かった。

「日系人と日本人は違う。日本人は友達を欲しがらない。日系人は誰とでも友達になりたがる」

「日本人は冷たい」

「遊びや食事に誘っても、断られることが多い」

もちろん、その評価・印象がすべてではないはずだが、日本人と日系ブラジル人との間に、微妙な溝があることは間違いない。

それは、保見団地という地域を見てもそうだった。

日本人とブラジル人がほぼ同数でありながら、意外にも両者が交流する機会は少ないのだ。それどころか、一部では反目している雰囲気もなくはない。

前述した「派遣村」の際も、ボランティアスタッフの数だけは多かったが、そのなかに団地住民である日本人の姿は、ほとんど見ることができなかった。それどころか、団地のど真ん中で、にぎやかに炊き出しをおこない、多数の報道陣まで集まっているというのに、見物に訪れる野次馬さえいなかった。

「保見ヶ丘ラテンアメリカセンター」のボランティアスタッフのなかで、数少ない団地住民のひとりである佐久間由隆は、「こうした催しに関心のある日本人住民なんて、ほとんど存在しないんじゃないかな」と苦笑した。

「対立というよりは、興味がないのでしょうね。無関心。そして非協力。それが団地に住む日本人の平均的な姿かもしれません。ただし、日本人住民の多くは高齢者です。それだけに、外国人と交流することに慣れていないといった側面もある」

最近では都市圏のベッドタウン、特に団地における「限界集落化」が進行している。核家族世帯の子どもが独立して親世代のみになったり、あるいは単身者向けの団地へ高齢者の入居が相次ぐなどして、高齢化率の上昇が著しい。保見団地も例外ではないのだ。

日本人住民の高齢化とブラジル人の流入は同時進行だった。両者には生活習慣や価値観、言葉の違いだけでなく、世代の違いもある。そこに軋轢《あつれき》が生まれたとして、不思議ではない。

保見団地は一九六九年に当時の住宅公団（現・都市再生機構）と、愛知県によって共同開発された。入居が始まったのは一九七五年である。丘陵を削って開発された大型団地は、近隣の豊かな自然と、商店街など充実した生活環境が評判を高め、一時は一万二〇〇〇人の住民を集めるまでになった。

ここに日系ブラジル人が暮らし始めるようになったのは、入管法改定によって日系ブラジル人の無期限就労が可能となった一九九〇年からである。周辺の自動車関連企業へ通勤しやすいといった地の利の良さと、民間マンションと比較して安い家賃が、ブラジル人を引き寄せた。また、派遣会社もブラジル人のための寮として、大量に部屋を押さえるようになった。

九〇年代初頭はまだ、日本人住民も働き盛りの世代がほとんどだった。新興住民のブラジル人に興味を持つ人も多く、団地内でポルトガル語の学習会などが開かれた。日本人は、外国人が少数者でいてくれるときだけは優しくて親切だ。

きっかけはゴミ問題

ブラジル人の増加に伴い、次第に日本人住民との間で摩擦が起きてくる。きっかけは「ゴミ問題」だった。日本人住民のひとりは言う。

「ブラジル人はゴミ出しのルールを守らなかった。決められた曜日を無視してゴミを出し、集積場でもない場所にゴミを捨てる者も多かった。日本人住民は何度も注意したが、聞き入れてもらえなかった」

いつのまにか日本人の間で「ブラジル人はルールを守らない」といった評価が定着した。古参のブラジル人住民のなかにも、「マナーの悪いブラジル人がいたことは事実」と認める声はある。

その一方で、「ブラジル人住民だけの責任ではない」とする声も存在する。たとえば前出の佐久間由隆は、

「言葉がうまく通じないことで、きちんとルールを伝えることができなかったという問題もあった。また、日本人住民の多くは、集積場以外の場所に捨てられたゴミを、すべてブラジル人住民のものだとしたが、本当にそうなのか。実は、保見団地ではブラジル人が来る前から、ゴミの不法投棄が問題となっていた。深夜に他所からわざわざ、ゴミを捨てに来る者がいた。なんでもかんでもブラジル人のせいにしてしまう傾向が、この団地にはある」

と日本人の側にも誤解があることを指摘した。

「ゴミ問題」は現在、沈静化しているが、それでも違法駐車や深夜の騒音、落書きなど、いまでもブラジル人の「非常識」を訴える声は少なくない。「相互理解など無理だ」と断言する高齢の日本人住民もいた。

暴動寸前の事件へ――

一九九九年には、保見団地を揺るがす事件が起きた。日本の右翼団体、暴走族と、

保見団地のブラジル人が対立、暴動寸前の事態に発展し、機動隊が出動するという騒ぎになったのだ。

きっかけは些細なトラブルだった。深夜、団地内に出店するラーメン屋台で食事をとっていた日本人の若者グループが、たまたま通りかかったブラジル人の少年をからかった。すると少年は仲間を呼び寄せ、日本人グループと殴り合いのケンカとなった。翌日、今度は「仕返し」と称して鉄パイプや木刀で武装した日本人グループが、前夜のブラジル人グループを捜し始めた。結局、目指す相手を見つけることはできなかったが、腹いせにブラジル人が乗っていた車を鉄パイプで滅多打ちにした。

騒動は続く。数日して、右翼団体の街宣車と、数十台のバイクを連ねた暴走族が保見団地にやって来た。「ブラジル人を叩き出せ！」と大音量でがなりたてた。

翌日夜、保見団地に停めてあった右翼団体の街宣車が、何者かに放火されて炎上した。

右翼団体は「襲撃犯を一掃する」としてメンバーや仲間の暴走族を保見団地に結集させた。これに対抗する形で、近くの駐車場にはブラジル人の少年たちが続々と集まった。一触即発の状態となった。県警の機動隊が出動し、両者の間に割って入った。マスコミも駆けつけた。上空からは県警のヘリコプターがサーチライトで〝両陣営〟

を照らし続けた。まるで「戒厳令」のようだったと証言する住民もいる。

この日は機動隊によってどうにか衝突は避けられたが、これをきっかけに、しばらくは右翼団体の〝保見団地街宣〟が続けられることになる。

この騒動の前から、衝突の兆候はあったという。豊田市内の繁華街では、ブラジル人、日本人双方の不良少年グループによるケンカが続発していた。どちらが悪いといった問題ではないが、大人の社会における摩擦と軋轢が、そのまま子どもたちに反映されたと見るべきではないだろうか。もちろん、日本人から日系人に向けられた差別と偏見の問題も大きい。

ちなみに騒動直後、保見団地に住む日本人住民の一部は、「これ以上、外国人を入居させないでほしい」と、住宅公団や県に申し入れをおこなった。「ブラジル人は厄介者」といった意識が日本人の間に浸透した。「共生」することの難しさを考えさせられる一件だ。

ブラジル人による主体的組織

それでも、溝を埋めようとする者は現れる。

二〇〇九年一月、保見団地に住むブラジル人有志によって「保見ヶ丘ブラジル人協会」が設立された。保見団地でブラジル人が主体的に組織を立ち上げたのは、これが初めてである。

「不況で苦しむブラジル人の相談機関として機能させると同時に、様々な活動を通じて日本人住民との関係改善にも努めたい」

関西風のアクセントに特徴のある、流暢な日本語で話すのは、代表に就任したマツダ・セルジオ・カズト（五五）だ。具体的には協会がブラジル人の窓口となり、失業保険や生活保護の申請について相談を受けたり、職を失ったブラジル人の要望をまとめて行政に伝えるといった役割を果たしていきたいという。

「でも本当の目的は、日本人との相互理解にある」とマツダは強調する。

マツダは一九九〇年に来日。大阪府内の魔法瓶を製造する工場などで働いた後、二〇〇六年に保見団地へ越してきた。いまはトヨタ関連の工場に派遣社員として勤めている。

マツダが協会の設立を思い立ったのは、不況に翻弄される同胞たちの姿から、「自立と連帯」の必要性を痛感したからだという。仕事を奪われたブラジル人は、奈落の底に突き落とされた。しかし、そこから自分たちの力で這い上がることができないでいる。それはなぜか——。これまでずっと、自分たちの世界だけに安住し、地域社会との接点を持たなかったからではないのかと、マツダは考えている。

「ですから私たちブラジル人が、自分たちの手で相互理解を取り戻さなければならない。日本人を理解し、そして自分たちへの理解を求める。いままで、その努力を怠ってきた」

たとえば、日本人との間で軋轢の原因となっている「ゴミ問題」もそうだ。

「ブラジル人の一部に、マナーの悪い人間がいたのは事実。まずは、そのことは認めたい。しかし、実際には団地の外からゴミを持ち込む人がいたことも事実。なによりも、多くのブラジル人はルールを守っているし、ゴミの散乱を目にして怒りすら感じてきた。問題は、それをきちんと訴えてこなかったことにある。また、その努力もしてこなかった。地域住民の一員だという認識があれば、ブラジル人自身が、解決に向けて動くべきだった」

ひとりのブラジル人がルールを破れば、ブラジル人全体の責任とされてしまう。日本人の場合、誰かがルールを破っても「日本人はしょうがない」といった物言いがされることはない。そこに多少の理不尽さは感じる。しかし、自分たちは「ゴミ問題」に対して積極的に関わってこなかった。そのことに責任を感じるべきだとマツダは訴える。

「もちろん言葉の問題がある。ブラジル人の多くは、理解を求めるための術《すべ》を持たない。ならば、自主団体を窓口として、日本人との連携を密にしようじゃないか、と考えているわけです」

ブラジル人はこれまで、自分たちのコミュニティに依存し過ぎてきたのではないかと、マツダは思っている。日本語を覚える必要もなかったし、日本人を理解することも、自分たちへの理解を求めることも、あまり必要だとは考えてこなかった。ブラジル人は、それでも十分に生きていくことができたのだ。しかしいまは違う。不況の波がブラジル人を丸裸にしてしまった。仕事を奪われ、生活力を失えば、ブラジル人コミュニティも、ただの孤立した集団でしかない。

「保見団地では、ブラジル人も日本人も一緒に生きているのだという実績をつくりたいのです」

マツダは何度も繰り返した。

「知り合ってみれば、お互い、当たり前の人間」

同年三月。ブラジル人による協会設立を知って、「団地内の防犯パトロールを一緒にやらないか」と声をかけてきた日本人がいた。団地のパトロール隊長を務める藍葉謙二（五五）である。マツダは「喜んで協力したい」と答えた。防犯パトロール当日、集まった日本人住民の前でマツダが挨拶した。

「これから、ぜひ一緒にやらせてください」

すると住民のなかから怒号が飛んだ。

「今日まで何をしていたんだ。一緒にやりたいのならばブラジル人全員を連れてこい」

一瞬、緊迫した空気が流れた。そこへ藍葉が割って入った。

「日本人だって、全員が参加しているわけじゃない」

藍葉の説得で、パトロールへの参加が認められた。現在、週に一度の防犯パトロールはマツダら協会メンバーと合同でおこなわれている。

「彼らと知り合って、ようやく同じ団地住民の仲間なんだと思えるようになった」

と藍葉は話す。

保見団地に住んで二十五年。当初、ブラジル人住民という存在には無関心だった。

「いや、出ていってほしいとさえ思ったこともある。ゴミの問題もあったし、治安が悪くなったというイメージもあった。正直、ブラジル人がいやでいやで仕方なかった」

そんな藍葉はいま、マツダら協会メンバーにとって最大の理解者である。簡単なポルトガル語の会話を覚えた。いつか、ゆっくりとブラジルを旅行してみたいとまで考えている。

藍葉（左）とマツダ・セルジオ（右）

「知り合ってみれば、なんてことはない。お互い、当たり前の人間だったということです。ゴミも治安も、調べてみれば誤解に基づくことも多かった。だいたい、治安が悪いなんてのはウソ。外部の人の勝手な評価に過ぎない。住民同士の理解が進めば、実はこんなに住みやすい場所は他にないと思う」

もちろん藍葉のような考えをもつ人は、団地住民のなかでも少数派であることは間違いない。また、ブラジル人協会のメンバーだって、いまだ一〇人ほどである。八〇

○○人規模の団地にあっては、極めて小さな「相互理解」である。

だが、それで良いではないかと私も思う。国や自治体が、上から目線で「共生」を呼びかけたところで、人の意識など簡単に変わるわけがない。軋轢と対立、衝突の最前線にいる者こそが、それぞれの経験と知恵で、人種の壁を乗り越えていくのではないだろうか。そうした修羅場で生まれた「相互理解」だからこそ、小さくとも価値があるはずだ。

日本に足りない意識

NPO「保見ヶ丘ラテンアメリカセンター」の佐久間も、無関心と無理解が蔓延する団地のなかで、あえてブラジル人の側に身を置いて活動してきた。医療と生活の相談に乗り、外国人の日本語教育普及に力を注いできた。大不況に襲われてからは、生活困窮者のため救援活動の先頭に立っている。

佐久間はかつて、陶器メーカーの社員として、長く海外駐在を経験した。アジア各国で、ヨーロッパで「外国人」として生活した。そんな自分を、それぞれの地域は「住民のひとり」として受け入れてくれた。

「日本に足りないのは、そういう意識だ」

と佐久間は言う。

佐久間たちは大不況以降、米や卵、乳幼児のための粉ミルクなどを、「緊急援助」として生活困窮者に配っている。団地内にある「ラテンアメリカセンター」事務所の裏には、全国から寄せられた食料が段ボール箱に入って積み上げられていた。特に倉庫が用意されているわけでもなく、むき出しのまま置かれているのを目にして、私は「ちょっと無防備ではないのか。泥棒に盗られはしないか」と漏らした。

佐久間は「盗られても構わない」と言った。

「本当に食べ物に困っている人であれば、どうか、ウチから盗んでほしい。商店で万引きするよりも、よほどいい」

うずたかく積まれた食料品の段ボール箱を、佐久間はポンポンと叩いた。

不況がブラジル人に試練を与えた。だが、悪いことばかりではなかった。それをきっかけに、何かが変わりつつある。保見団地はブラジル人との共生に向けて、壮大な実験に取り組んでいるのかもしれない。

第五章　行き場を失う人々

最初から〝使い捨て〟目的

二〇〇九年一月の早朝、「ハローワーク浜松」では業務開始の一時間前から、正面玄関に長蛇の列ができていた。並んでいるのは、ほとんどが日系ブラジル人である。

「これまでに見たことのない光景です。ちょっと恐ろしい」

ハローワーク職員のひとりが困ったような表情で漏らした。リーマンショック以降、相談窓口を訪ねる外国人が急増した。二〇〇八年十二月からは前年比五倍以上の人が窓口に押し寄せているという。それに合わせて担当者や通訳も増員した。しかし肝心の雇用環境が改善されない。

列の前方で腕組みしながら寒さに耐えていたカトウ・ハンダオ（二九）は、「もう疲れたよ」と暗い表情を見せた。

年末にスズキの関連工場をクビになったという。退寮期限も迫っている。

「毎日、ここに並ぶ。でも毎日、仕事ない。どうしたらいいの？」

と手のひらを上に向けて、しかめっ面をつくった。それでも〝ハローワーク通い〟を続けるのは、万が一の可能性に賭けているからだ。

この日、静岡労働局から出張してきた雇用開発担当官は、立錐の余地もないフロアを眺め回しながら「まさか、こんな状況になるとは思わなかった」と呟いた。

「浜松に行けばなんとかなるという噂が、全国のブラジル人の間で広まっているらしい。近県はもとより、関東からも仕事を失ったブラジル人が、ここを訪ねてくる」

同市でブラジル人支援団体「ブラジルふれあい会」を組織しているザハ・カルロス（四五）は、「市内のブラジル人労働者のうち、約六割が今回の金融危機で仕事を失ったのではないか」と推測する。

「仕事だけでなく、派遣会社の寮を追い出されたりして、住居にさえ困っている人が多い。不動産業者は仕事のない外国人を敬遠するので、なかなか部屋を貸したがらない。家を失ったブラジル人は、家族ぐるみで友人や親戚の家に間借りしている。さらに、メンタルヘルスの問題も深刻化している。失業状態が長引き、展望が見えてこないなか、精神を病む人が増えてきた」

それだけ追い詰められているということだ。

周囲の人間がみな、敵に見える。四六時中、変な声が耳に入ってくる。妻が自分を捨てようとしている――。こうした訴えが後を絶たない。

「ブラジル人に限ったことではありませんが、外国人にとって異国での生活不安ほど心細いものはない。不安が恐怖に変わり、精神をコントロールできなくなってくるのではないか」

クビを切られたブラジル人が、地域の労働組合へ駆け込むケースも増えている。静岡県西部地区労連労働相談所長の中安俊文は「外国人相手の乱暴な解雇が多い」と話す。

「企業の側は、最初から〝使い捨て〟にする目的でブラジル人を雇用したとしか思えない。雇用契約書を交わしていないばかりか、有給休暇や社会保険すら存在しない企業もある。言葉が通じないことを利用して、労働者を無権利状態に置いている。そして会社に抵抗できない外国人から、真っ先にクビを切っていく」

派遣切りは「ブラジル人切り」

約二万人のブラジル人が暮らす浜松市（静岡県）。〝派遣切り〟の嵐が吹き荒れた二〇〇九年初頭、市内は失業者であふれた。浜松はスズキ、ヤマハなどのメーカーを抱え、関連の下請け工場も多い。こうした製造業の現場を、これまで主にブラジル人が支えてきた。〝派遣切り〟は、すなわち〝ブラジル人切り〟でもあった。

雑居ビルに住むオノハラ・ヘナート

浜松市内中心部にある雑居ビルの一室――。

テレビと冷蔵庫だけが置かれた殺風景な部屋に、三家族一〇人のブラジル人が生活していた。仕事を失い、さらに寮を追い出されて、行き場を失った人々だ。同じブラジル人であるビルの所有者が、空き部屋を提供している。

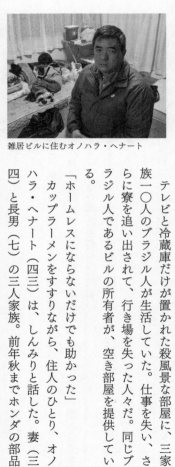

「ホームレスにならないだけでも助かった」

カップラーメンをすすりながら、住人のひとり、オノハラ・ヘナート（四三）は、しんみりと話した。妻（三四）と長男（七）の三人家族。前年秋までホンダの部品工場で派遣社員として働いていた。ところが突然にクビを切られた。会社へ理由を問うと「減産したから」とだけ答えが返ってきた。退職金もなく、職場から放り出された。

オノハラは、在職していた頃の給与明細を見せてくれた。各種控除前の給与額は約二十二万円。しかし寮の家賃や光熱費、社会保険料、税金などの名目で十五万円が差し引かれていた。実際の支給額は七万円に満たない。家賃と光熱費に関しては明細が記されず、合計額だけが印字されていた。不可解な給与明細だ。

さらに派遣会社からは、退職から一週間以内に寮を出てほしいと命じられた。どこにも行くあてはなかった。頭を抱えているときに、同じキリスト教団体に属するブラジル人の友人が、所有するビルの一室を貸してくれた。

オノハラは、この部屋から〝ハローワーク通い〟を続けている。

「仕事はまだ見つからない。当分は失業保険で生活するしかない。なんとかこの部屋で暮らすことができたのは幸運だったが、息子を学校に通わせてやることができなくなった。いまは、それがなによりもつらい」

深刻化する不就学問題

七歳の長男は地元のブラジル人学校に通っていた。月謝は三万五〇〇〇円。仕事を失った現在、とてもじゃないがそれだけの金額を支払うことができない。長男は学校を辞めざるを得なかった。長男は日本語をほとんど話すことができない。市内の公立小学校へ行かせるという方法もあるが、長男自身がそれを望んでいない。

浜松に限らず、全国のブラジル人集住地域では、こうした不就学児の問題が深刻化している。親の経済状態の悪化に伴い、ブラジル人学校の月謝を払えなくなったことで、子どもを退学させる家庭が激増しているのだ。さらに、そうした事情で生徒が減ると、学校経営じたいも立ち行かなくなる。実際、二〇〇九年一月には、浜松市内でブラジル人学校が一校つぶれた。他の学校でも生徒数が半減し、教員の給与遅配なども問題化している。

「息子は、早くブラジル人学校に戻りたいと言っている。息子の願いをかなえてやりたい。そのためには仕事を見つけないと」

オノハラは日本へ渡る前、ブラジルのサンパウロで警察官をしていた。しかし治安の悪いサンパウロにおいて、警察官は命がけの仕事だ。勤めてから六年目、同僚の警察官が窃盗犯に銃で撃たれて死んだ。これをきっかけに、オノハラは警察官を辞めた。結婚したばかりでもあり、平和で安定した仕事に就きたかった。夫婦で相談して、二人で日本へ「デカセギ」に行くことを決めた。サンパウロの派遣会社に、二人分八〇万円の手数料を支払った。一九九四年のことである。以来、夫婦それぞれが自動車関係の工場で働いてきた。

「いつかはブラジルに帰りたいと思っている。でも、ブラジルは日本よりも仕事がないよ。失業率も高い。だから日本で稼がないとならない」

オノハラと同じような境遇の家族が、他にも二組、一緒の部屋に住んでいる。もともとは事務所として使われていた部屋は仕切りもなく、それぞれのプライバシーが保てる状態にはない。コンクリートの床には、直《じか》に布団が何組も敷かれたままだ。学校を失った子どもたちは、昼間からテレビにかじりついていた。

食事は「安いから」という理由でカップラーメンばかりだという。住人みんなで金を出し合い、安売りのスーパーでまとめ買いした。どこか不健康そうな顔色をしているのは、そのせいかもしれない。

オノハラはキリスト教、プロテスタントの熱心な信者だ。いつも聖書を手許に置いている。毎晩、三組の家族は一緒に祈る。このときばかりは子どもたちもテレビを消して、聖書を胸に当て、目を閉じる。

カップラーメンばかりを食べているオノハラたちが気の毒で、私は果物を差し入れた。すると、オノハラは私のためにも祈ってくれた。私の肩に手を置き、ポルトガル語で聖書の一節を静かに唱える。神と向き合っているときだけ、オノハラの表情からは不安の色が消えていた。

そして朝になれば、再びオノハラは険しい顔つきに戻り、戦場のようなハローワークへ向かうことになる。祈りの通じない非情な世界だ。

ラブホテルに五家族十九人

愛知県岡崎市の郊外。山あいの集落のはずれに建つ古びたラブホテルには、家を失ったブラジル人たちが住んでいた。もっとも、ラブホテルは三年前に廃業している。〇八年末、所有者の女性（四一）が、「気の毒なブラジル人のために」と、部屋を無償提供したのであった。いわば一時シェルターである。

幅広のダブルベッドはそのまま。各部屋に浴室もある。すでに廃業したホテルとはいえ、内部は意外にも清潔に保たれていた。支援者らが壁や床を修繕し、水道や電気も通してから、ブラジル人を迎えたという。このホテルの存在は口コミで広がり、県内だけでなく岐阜や長野からもブラジル人がやってきた。私がここを取材で訪ねた〇九年一月には、五家族十九人のブラジル人が生活していた。

それにしても、どこかシュールな光景であった。ホテルの廊下を子どもたちが走り回り、駐車場には幼児用の遊具が置かれている。かつてのフロントロビーには大きめのテーブルが設置され、そこは共有の食事スペースとなっていた。

「居心地は良い」と、〝住人〟のひとりであるノムラ・ウィリアム（三七）は笑顔を見せた。妻（三四）と長女（七）の三人で暮らしている。

ブラジル人たちが住むラブホテル

部屋の中は一見、普通のアパートのようでもあった。洋服を収納するファンシーケースと小さめのテーブルが置かれ、ダブルベッドには子どもが喜びそうな花柄ピンクのカバーがかけられている。天井に張られたロープには、洗濯物がぶら下がっていた。ラブホテルの面影といえば、ベッド周りの照明コントローラーくらいのもので、部屋全体は生活臭が満ちていた。

目鼻立ちが人形のように整った娘の肩を抱きながら、

ノムラはポルトガル語交じりのたどたどしい日本語で、ここに来た経緯を話した。

家族三人で日本に来てから、まだ一年二ヶ月である。長野県の家具工場で派遣社員として働いていたが、〇八年末、不況を理由に突然解雇された。時期を同じくして、自動車の部品工場で働いていた妻も、やはり同じ理由でクビを切られた。派遣会社からは「一週間以内に寮を出ろ」と命じられた。

「途方に暮れた。日本語も不自由なので、なおさら不安になった。どうしていいのかわからず、ブラジルへ帰国することも考えたが、手許にはそのための旅費すらなかった」

そんなときに知人が、このホテルの存在を教えてくれた。スーツケースに着替えだけを詰めて移り住んだのである。

「このホテルを紹介してもらえなければ、家族揃ってホームレスになっていたかもしれない。食事も支援者の差し入れで、どうにかなっている。本当に助かった」

七歳の長女は、支援者の送り迎えで、地元の小学校に通っている。

不安を口にするノムラ・ウィリアム

「いつまでも、こんな暮らしをしているつもりはない。だが、仕事が見つからない限り、どうにもならない」

先の見通しを尋ねると、ノムラの顔に不安の色が見え隠れした。

地元の岡崎市役所によると、ホテルの建つ場所は市街化調整区域にあたるため、住居として使用するためには防災、安全設備の審査を受ける必要があるという。しかし、そのためには改修や審査手続きのために数ヶ月を要してしまう。

「人道上、すでに住んでいる人を追い出すわけにもいかない。黙認というわけでもないが、いまはひたすら安全を祈るだけです」（都市整備部）

約六〇〇〇人のブラジル人を抱える岡崎市も、深刻化する失業・雇用問題には頭を抱えている。

「今年（〇九年）に入ってから外国人のために『職業生活相談コーナー』を市役所内に開設した。ハローワークから相談員を派遣してもらっている。住居に関しては、希望者に市営住宅の空き部屋を斡旋するなどしているが、（部屋の）絶対数が足りない。正直、市ができることに限界はある。自治体として、こんな経験は初めてですから……。解決のための決定打が見つからない」（経済振興部商工労政課）

行政も打つ手なしの状態なのだ。

住居はカラオケボックス

岐阜県美濃加茂市――。同市は住民の一割をブラジル人が占める。二〇～四〇代に限れば、四人に一人がブラジル人だ。街中にはブラジル人向けのスーパーマーケット、ブラジル人学校などが建ち並ぶ。緑と黄色のブラジリアンカラーが目立つ独特の雰囲気を見せているが、不況の影響で、どこか沈んだ空気が漂う。市内にあるソニーや三菱自動車の関連工場が軒並み人員削減をおこなったためである。

アドリアーノ・アントニオ（三二）は来日して一年半。豊橋の携帯電話工場で働いた後、美濃加茂のブラジル人向けスーパーに就職した。しかし〇九年九月に解雇された。ブラジル人の消費が低迷し、スーパーの売上げも激減したからである。スーパーが借り上げていたアパートも追い出された。

私と会ったとき、アントニオは不定期に洗車のアルバイトをしながら暮らしていた。住居は廃業したカラオケボックスの中である。

「アパートを追い出された直後、相談に訪ねた教会の牧師にカラオケボックスの所有者を紹介してもらった。狭いけれど、とりあえず生活はできるよ」

ボックスは貨物コンテナを改造したものだ。広さは約一〇平方メートル。窓はない。家賃は光熱費込みで、月に一万五〇〇〇円。ほこりを被ったカラオケ機材やマイクが部屋に残る。天井には「BOSE」のスピーカーが吊り下げられ、壁にドリンクメニューが貼られたままだった。アントニオの家財道具と呼べるものは小さな炊飯器と電気ポット、石油ストーブだけである。ストーブの上に置かれた鍋には、フェジョン（ブラジルの豆料理）が煮立っていた。

「教会で配られる支援の食材で、なんとか食いつないでいる。わびしい食事しかできないけど」

当然ながら、室内にはシャワーも風呂もない。外の公衆トイレの洗面所が浴室代わりだ。真冬の朝ともなれば、水道が凍りついて水が出ないこともある。そんなときは電気ポットで湯を沸かし、コップを使って器用に身体を洗う。

「まさか、憧れの日本でこんな生活を送ることになるとは思わなかった。金を貯めてブラジルで食料品店を開くのが夢だった。

「まさか、憧れの日本で……」カラオケボックスに住むアドリアーノ・アントニオ

ところで、あなたは私を雇うことはできないか。給料は安くてもいい。なんでもするよ」

アントニオは「助手が必要となったら連絡をくれ」と言って、携帯電話番号が書かれた紙片を私に手渡した。助手を雇うほどに裕福なジャーナリストでないことを、私は本当に申し訳なく思った。

隣のコンテナにはサントス・ポルフィーリドス（五六）が住んでいる。彼は数ヶ月前までブラジル人学校のスクールバス運転手として働いていた。ブラジル人学校も生徒減で経営が悪化、真っ先に運転手のクビが切られた。退職金はなかった。雇用保険にも加入していなかったので、失業手当ももらえない。なのに、問答無用で寮まで退去させられた。

「日本に来たのは失敗だったと思う。もうブラジルへ帰りたい」

所持金はほとんどない。毎月一万五〇〇〇円の家賃も、教会の支援に頼っている。

「どうせ貧乏な暮らしをするのであれば、ブラジルのほうがいい。日本は……寒すぎる」

ポルフィーリドスは「帰りたい」と何度も繰り返した。

問題は市民と行政の無関心

このカラオケボックスに私を案内してくれたのは、美濃加茂市議の柘植宏一（五五）だ。地元の議会関係者のなかでは珍しく、ブラジル人支援のために連日、地域を飛び回っている。そのためにポルトガル語まで学んだ。保守的な地元議会にあっては〝異端〟だが、美濃加茂のブラジル人の間ではよく知られた存在である。街を歩けば、知り合いのブラジル人が次々と握手を求める。

「外国人であっても地域の一員。彼ら彼女らの要望に耳を傾けるのは市議として当然だと思っている。まあ、ブラジル人を味方につけても、〝票〟にはならないけどね」

最後の一言は、柘植ならではの照れ隠しである。

県内白川町出身の柘植は東京の大学を卒業後、しばらくサラリーマン生活を送ってから美濃加茂に移り住んだ。九〇年代から同市でブラジル人が急増した。街中でポルトガル語が飛び交い、地味な地方都市にエスニックな空気が流れるようになった。柘植はこれを「面白い」と感じた。文化と価値観の多様化が、地域に活力をもたらしてくれるのではないかと期待した。

二〇〇二年に市議に当選して以来、一貫して「外国人を含めた地域コミュニティづくり」を模索している。だが、理念と現実には大きな開きがある。

「問題は市民と行政の無関心。ブラジル人は間違いなく隣に存在するのに、なぜか不可視の存在となっている。差別や排除というよりも、無視と隔離に近いのではないか。もちろん美濃加茂でも〝多文化共生〟といった言葉は地域のスローガンとして使われてはいる。しかしマイノリティに対して、どれだけ血の通った目配りができているのか」

〇八年末の不況以降、柘植がブラジル人と関わるなかで愕然としたのは、社会保険や生活保護の存在すら知らない者が多数いたことだ。〝派遣切り〟されたことを、自己責任だととらえるブラジル人も少なくなかった。セーフティネットを地元の教会や支援団体へ任せ、行政が積極的にブラジル人と関わろうとしなかったツケが、そこにあると感じた。また、学費が払えずブラジル人学校に通うことのできなくなった子どもが増えても、「ならば地元の公立学校へ転校すればいいじゃないか」という声ばかりが強い。学費援助を訴える柘植に対して「なぜブラジル人ばかりを特別扱いするのか。ブラジル人も地域社会に溶け込めばいい」と反論する者も多い。

「そんなのは共生ではなく、強制じゃないか」と柘植は苦笑する。

「いつまでたっても私たちは〝ガイジン〟だ」

市内のNPO法人「ブラジル友の会」は〇九年三月、美濃加茂、可児《かに》、各務原《かかみがはら》、大垣の四市に住む外国人を対象として、生活状況に関するアンケート調査を実施した。回答者の八割がブラジル人で、ほかはペルー人とフィリピン人である。回答者一五五四人のうち、失業中の者は八十三％にも上った。雇用保険に入っていないのは七〇％、健康保険未加入も四〇％である。

「友の会」代表のキンジョウ・エジウソン（四七）は「予想以上に深刻だ」と曇った表情を見せた。キンジョウは一九九七年に来日。ケーキ工場に勤めた後、二〇〇七年に同胞支援のためのNPOを立ち上げた。ブラジル人の数が増えても、発言力はまったくなく、地域でも孤立していることに危機感を持ったからである。

「ブラジル人の間で最近は永住志向も高まっている。しかし、なかなか地域に溶け込むことができないでいる。いつまでたっても私たちは〝ガイジン〟だ。ブラジルに住んでいた頃、日系人は国内でも少数民族のひとつではあったけれど、けっして孤立はしていなかった。だが、両親や祖父母の祖国に来てみれば、疎外感を味わうことのほうが多い。私たちは日本に対して敬意を持っている。だから日本の行政も私たちに対して、せめて日本語習得の機会や、就労と就学の援助、生活知識などを与えてほしい。同じ地域住民として、声をかけてほしいのです」

私はキンジョウの訴えに「もっともだ」と答えながら、それでも日本人としてありがちな言葉を漏らしてしまった。

「ブラジル人の側も、もっと積極的に日本人、日本社会と関わりをもつよう、努力すべきではないか」

キンジョウは軽く頷いた後、私の目を見つめながら問いかけた。

「では、日本人の側は、本当に我々ブラジル人と交流したいと望んでいるのですか?」

何も答えられなかった。私は恥ずかしさと沈黙をごまかすため、キンジョウの妻がつくったポンデケージョ(ブラジルの菓子)をむしゃむしゃ食いながら、「うまい、うまい」と呟くしかなかった。

ブラジル人の立ち位置

〇八年末から〇九年初めにかけて、浜松市民の間で「海岸近くでホームレスのブラジル人が一〇〇人ほど、テントを張って生活している」とのウワサが流れた。ウワサ話には、お定まりのオチが用意されている。

「彼らは何をするかわからないので、しっかり戸締りをしよう」

「深夜の女性の一人歩きは控えよう」

私は取材の過程で、こうした話を何度か耳にした。真顔で話すのは、いずれも日頃からブラジル人と接点を持たない日本人であった。私は地元警察や市役所にも訊ねたが、まったく確認できない。念のため海岸部に足を運んで「一〇〇人のブラジル人ホームレス」を探したが、どこにもそのような〝難民キャンプ〟など見つけることができなかった。

結論から言えば、まったくのデマだった。実際、それを直接に「見た」と話す人はひとりもいない。外国人失業者が増えれば治安が悪くなるといった俗説を補強するための、つくり話なのである。

やりきれない話だなあと思う。それが日本におけるブラジル人の立ち位置というものなのだ。いや、差別と偏見に満ちた日本人の視線でもある。

ブラジル人の側からも、日本人の側からも、「ブラジル人の自己責任」を問う声は少なくない。だが、小さな悪意と偏見を引き受けざるを得ないブラジル人は、どこまで努力すれば社会に溶け込むことができるのだろう。

ブラジル人はコミュニティに閉じこもって、自ら疎外の道を選択したのか。それとも、日本社会が、ブラジル人をポルトガル語しか通用しないコミュニティへ追いやっていたのか。

デマが飛び交う「現場」ばかりを見てきた私には、後者の風景しか思いつかない。

第六章　泣き寝入りはしない

雇用破壊は生活破壊

トヨタ関連企業の多い知立《ちりゅう》市（愛知県）。中心部にある知立団地（一九五〇世帯）も、住人の半数がブラジル人だ。

「ここに住むブラジル人の七割ほどが失業状態にある」

そう話すのは、同団地の自治会役員を務める日系二世のミウラ・クミコ（四五）。日本語が達者なミウラは、団地に住むブラジル人の〝相談役〟でもある。

仕事を失った、仕事が見つからない、家賃を払うことができない――ミウラのもとには、そんな電話が、ひっきりなしにかかってくる。

「泣きながら電話してくる人も少なくありません。ほとんどのブラジル人は日本語を話すことができないので、状況が理解できずにパニック状態となっているのです。雇用保険って何？　保険証ってどこに行けばもらえるの？　という世界ですからね」

最近、ミウラの耳には、切羽詰ったブラジル人女性が「夜の街」に流れているといった話が届いている。

「夫婦揃って失業状態にあるなかで、妻が水商売に走るケースが出てくるのも無理ありません。ポルトガル語の雑誌では製造業の求人広告の代わりに、ホステス募集の広告ばかりが目立つようになりました」

ただしホステスとはいっても、なかには騙されて売春まがいの仕事に引き込まれるケースも珍しくないという。

「そうした仕事が原因で、夫婦仲にヒビが入ることもある。雇用破壊が、生活破壊につながっている。これもまた悲しい現実なんです」

夜の勤めも、生きていくための知恵のひとつだ。何も悪いことではない。しかし、夜の世界には女を食い物にする独特の〝仕掛け〟があり、家に帰れば、失業中の夫の苛立ちと嫉妬が待っている。貧困を端緒とした悲劇に泣き暮れるブラジル人女性は少なくない。

〝決起〟するブラジル人たち

不況のなかで孤立し、泣き寝入りを強いられるブラジル人がすべてではない。怒りに震えて〝決起〟する者もいる。

「外国人労働者の使い捨てをやめろ」

ビルの谷間にシュプレヒコールがこだました。

〝決起〟したブラジル人によるデモ行進（名古屋市内）

〇八年暮れ、外国人労働者ら約二〇〇人が、雇用確保などを求めて名古屋市内でデモ行進をおこなった。デモの先頭集団がトヨタの名古屋オフィスが入るミッドランドスクエアに差しかかると、シュプレヒコールはさらに熱を帯びた。

「派遣切りを許すな」

「トヨタは内部留保を吐き出せ」

ポルトガル語のシュプレヒコールも飛び交う。ミッドランドスクエアは名古屋のランドマークだ。

かつては「日本で一番元気な東海経済」のシンボルでもあった。一階には「ルイ・ヴィトン」や「カルティエ」といった有名ブランドが店を構える。そうしたきらびやかな場所に突如現れたデモ隊のなかから、「誰のおかげで、こんなでかいビルを建てることができたんだ」という声も飛んだ。

単純に過ぎる物言いかもしれないが、企業の都合で切り捨てられた者からすれば、トヨタが入居するミッドランドスクエアは、収奪によって栄えた企業の象徴だ、と考えたくなるのもわからなくはない。実際、失業した多くのブラジル人は、トヨタをはじめとする自動車産業で身を粉にして働き、そして仕事を奪われたのだ。

デモ主催者のひとつ、「名古屋ふれあいユニオン」の委員長、酒井徹（二六）は、「もう、放置しておける状態ではない。外国人労働者の現場はメチャクチャだ」と憤る。

酒井自身も大学卒業後、トヨタの田原工場で数年間、非正規労働者として働いた。最もきつい仕事を任されながら、正社員からも、企業内の労働組合からも「同じ仲間」としては見てもらえなかった。そのときの経験と、なぜ差別されなければならないのかという疑問が、個人加盟労組の活動家としての酒井を支えている。

深刻な労働相談の内容

酒井のもとには、連日のように深刻な労働相談が持ち込まれる。なかでも酒井が許せないと思うのは、言葉が不自由で日本の法律にも明るくないブラジル人を、詐欺同然の手口で使い捨てる企業だ。

豊橋市の自動車部品工場は、正社員としてブラジル人を雇用していた。ある日、経営者はブラジル人に対し、「ちょっと、ここにサインして」と軽い調子で日本語で書かれた契約書を差し出した。通訳の同席もなく、あまりに軽いノリで頼まれたので、ブラジル人は言われるがまま署名欄にサインした。何の説明もなかったので日本語が理解できないブラジル人は、それほど重要な書類だとは思わなかった。

ところがこれは雇用期間を定めた、いわゆる有期雇用契約書だったのだ。その後、何も知らずに働いていたブラジル人は契約書に記された期限通り、指定期日に「雇い止め解雇」された。当該のブラジル人は「騙し討ち」を許せず、ユニオンの助けを借りて、この会社を提訴した。

ふざけた例はほかにもある。解雇されたブラジル人の派遣社員たちが、酒井のもとへ泣きついた。とりあえず雇用保険の受給資格を確認してみると、全員、雇用保険に入っていない。その頃、雇用保険の加入要件は「一年以上の雇用見込み」であった。ブラジル人たちは一年どころか、一〇年近く勤続していた者もいた。酒井はブラジル人たちが持っていた雇用契約書や給与明細を精査した。そこで驚くべき事実が発覚した。

「彼らの所属する派遣会社が数ヶ月ごとにころころと変わっていた。ブラジル人たちは、ずっと同じ派遣会社に所属していたと、そのときまで思い込んでいた」

数ヶ月ごとに変わる派遣会社の名前は、「オエステ」「レステ」「ノルテ」「ブランカ」――。ポルトガル語でそれぞれ、西、東、北、白を意味する。まるでマージャン牌だ。

「麻雀卓でも囲みながら、適当にデッチ上げた社名なのでしょう。いずれの会社も登記上の所在地は役員たちの自宅だった。要するに、労働者が派遣会社を転々としたように見せかけ、雇用保険の加入要件に満たないようにした。保険料の会社負担を逃れるための、なんとも腹立たしい手法です」

ブラジル人に対して公的なセーフティネットが機能しない理由は、こうしたところにある。

「あきらめるのは、やめよう」

ちなみにこの日のデモで、私はイノウエ・ロベルト（二七）という青年と知り合った。童顔のなかに優しげな表情を絶やさないイノウエは、見た目通りに温厚で、口調も穏やかだ。だが、彼は自分を解雇した会社と闘っていた。

「一瞬にして仕事を失った。どう考えても納得できないから、あきらめるのは、やめようと思った」

イノウエの言葉には理不尽なことには屈しないという、信念のようなものが感じられた。

イノウエはトヨタ系列の自動車部品メーカー「アンデン」（愛知県安城市）で請負社員として働いていた。車のフロントパネルの基盤をつくる仕事だった。時給は一三〇〇円。給与のなかから毎月一〇万円を、ブラジルの家族に送金していた。

〇八年十一月、何の予告もなく、突然に請負会社の社長から解雇を言い渡された。

「あまりに急過ぎる。なぜ解雇されるのか、理由を聞かせてほしい」と、イノウエは社長に迫った。だが社長は「仕事が減ったからだ。しかたない」と繰り返すばかりだった。しかも「二週間以内に寮を出ろ」とまで言う。

解雇された会社と闘うことを決めた
イノウエ・ロベルト

どんなに抗議しても埒《らち》が明かない。イノウエは外国人組合員の多い「名古屋ふれあいユニオン」に仲間とともに加入した。

「会社の言うこと、黙って受け入れるのは簡単。でも、そうやって切り捨てられていくのは我慢できない。ブラジル人は簡単にクビを切られていくと思われるのは、もっとイヤだった」

実は請負とはいっても、職場においてブラジル人労働者へ仕事の指示・命令を下していたのは「アンデン」の社員だった。これでは請負でもなんでもない。請負会社は労働者派遣をしているだけ——偽装請負である。つまり、こうした場合の雇用責任は「アンデン」にあるのではないか。

ユニオンはアンデンに対して団体交渉を申し入れたが、「ブラジル人労働者との間に雇用関係はない」として、交渉自体を拒否した。結局、イノウエら「アンデン」で働いていたブラジル人労働者五人は〇九年九月、「アンデン」に対して従業員としての地位確認、慰謝料などを求めて提訴することになる。

誰かが闘わなければならない

名古屋でのデモ直後、私はイノウエが住む寮の部屋を訪ねた。その頃は毎日のように請負会社から退寮を迫られており、「部屋の中でも落ち着かない」とイノウエはこぼした。

会社との闘いが、どれだけ長期化するのかはわからない。その間はアルバイトでもしながら、とにかく食いつないでいくしかない。イノウエはアルバイト探しに必死だった。部屋のなかには何冊ものポルトガル語のフリーペーパーが散らばっていた。求人広告をチェックするためである。

「ヘンな会社が多いよ」とイノウエは嘆いた。

食品工場がブラジル人募集の広告を出していた。記された電話番号に連絡すると、工場ではなく、人材ブローカーが電話口に出た。

「仕事を紹介するから登録料として一〇万円を振り込め」と人材ブローカーは言った。

「いまは、こんなのばかり。失業者からカネをむしりとろうとしている連中がいる。許せない」

人材ブローカーを名乗る男は、流暢なポルトガル語を話した。おそらくブラジル人だろう。それだけに、イノウエは悲しげな表情を見せる。

「その男も、あるいは失業者のひとりなのかもしれない。理不尽なクビ切りに遭うと、生きるためにこうした商売に手を出してしまうものなのか。こんなことでブラジル人が悪く言われたくない。だからこそ、きちんと闘うしかない」

それからしばらくして、イノウエは寮を出た。あらたにアパートを借りるための資金がないので、友人の家を転々とする生活を続けた。

その間もイノウエとは何度か会った。実は取材にも付き合ってもらったことがある。簡単な通訳をお願いするためだ。イノウエは私の取材現場で自分と同じような境遇のブラジル人に出会うと、通訳そっちのけで励まし、そして一緒に憤っていた。本当に正義感の強い男なのだなあと、私は頼もしく感じた。

二〇一〇年一月十八日、名古屋地裁岡崎支部で、イノウエは生まれて初めて証言台に立って陳述した。

「三年間、一生懸命に働いてきました。良い品質を送り出すために、そのことだけを心がけてきました。しかし、解雇通告を受けてから生活が一変しました。友人宅を転々とし、経済的に苦しいままの生活が続いています。私はもう一度、アンデンに就業することを希望します」

緊張した面持ちで一気に話した。

今後、裁判がどのような展開を見せるのか予測はつかないが、イノウエは闘いを途中で放棄する気はないと断言した。

「アンデン」に関しては、ユニオンの女性組合員が原告となり、差別賃金の違法性を問う裁判も争われている。この女性組合員は、男性と同じ仕事に就いていながら、時給が男性よりも三〇〇円低かったのだ。日系ブラジル人の職場では、こうした賃金差別がいまだに残っている。

誰かが闘わなければ、悪弊は少しも改善されないのだ。

※その後、会社側は「待遇改善」を約束して、イノウエとの間で和解が成立した。

第七章　サンパウロ——「日本」が息づく街

南半球で最も〝和風な街〟

街のシンボルである大鳥居をくぐり、真っ赤な欄干の「大阪橋」を渡れば、そこにはノスタルジックな「日本」が広がっていた。

サンパウロの中心部、リベルダーデ地区。ポルトガル語で「自由」を意味するこの界隈は、南半球で最も〝和風な街〟だ。メインストリートを進むと、漢字やひらがなの看板を掲げた商店が軒を連ねていた。道の両端には提灯《ちょうちん》を模した街灯が並ぶ。どこか「昭和」な風情が漂う。まるで日本の地方都市の駅前商店街のようでもある。

二〇〇九年の秋。ブラジルを訪れた私は、真っ先にこの街へ足を運んだ。

成田からサンパウロまで、二〇時間以上も飛行機に揺られ続けた。その間、食事といえばエコノミークラスの安っぽい機内食と、ロサンゼルス空港のトランジットルームで後悔しながら頬張った、ぱさついたサンドイッチだけである。通りに並ぶ日本食の看板を見て小躍りしたくなった。早速、ラーメン屋でとんこつラーメンをすすり、それでも足りなくて、定食屋で唐揚げ定食をかきこんだ。どちらも海外の主要都市でよく見られる「高くて不味《まず》い」日本食ではなく、良い意味での「普通さ」が嬉しかった。

駅前広場では、ちょうど週末恒例の露天市が開かれていた。焼きそばや天ぷら、大判焼きなどの屋台がひしめき、法被姿の日系人が「いらっしゃい」と声を張り上げる。屋台では稲荷寿司を買って食べた。甘辛い醤油の香りが口の中に広がる。地球の裏側なのに、やっぱり日本の味がした。

「日本人街」から「東洋人街」へ

リベルダーデには「日本」が揃っている。味噌があり、豆腐があり、焼酎があり、日本の雑誌と書籍がある。日本語だけでこと足りるホテル、病院、旅行社、法律事務

街のシンボル・真っ赤な大鳥居のあるリベルダーデ地区

所がある。

地元邦字紙「ニッケイ新聞」編集長の深沢正雪は、リベルダーデを「日本から最も遠く離れた〝地方〟」だと言った。確かに、この街では、濃度の高い「日本」が息づいている。居酒屋の店内に置かれたテレビから録画の相撲中継が流れると、客の多くは身を乗り出すようにして勝負の行方を追う。早朝の駅前広場では毎日、大勢の日系人がラジオ体操で汗を流す。深沢によると、天皇誕生日には「御真影」を前にして日系社会の重鎮たちが祝辞を述べ、「天長節の歌」まで飛び出すという。

それでも近年、中国や韓国からの移民が急増したことで、この街も「日本人街」ではなく「東洋人街」と呼ばれるようになった。日本食品を扱う商店のオーナーが、実は中国人というケースも少なくない。ハングルで書かれた看板も目立つ。日系人資本のホテル「ニッケイ・パラセ」の地下にあるサウナで会った初老の男性は、「年を追うごとに日本色は薄れていく」と嘆いた。

「あんたがどう感じたかは知らないが、私にはリベルダーデも、日本の風情を売り物にした観光地になってしまったような気がする」

流れる汗を拭いながら、男性は「ま、仕方ないけどな」と独り言のように漏らした。

一世から六世まで一五〇万人といわれるブラジルの日系社会全体を見渡しても、若い世代の混血化、ブラジル社会への同化が進んでいる。国内の有名大学へ進学し、様々な分野で活躍する日系人が増えていく一方で、日本語の読み書き、会話ができない者も増えた。そのおかげで日系社会の言論をリードしてきた邦字紙も、軒並み部数減に悩まされている。「ニッケイ新聞」などは二〇一〇年から難解な漢字にルビを振るという〝紙面改革〟を実施した。若い世代による邦字紙離れを防ぐための生き残り策だ。

そうした現状だからこそ、日系社会の砦たるリベルダーデでは〝失われつつある日本〟が頑ななまでに守られているのであろうか。若い世代の日系人同士が、親指を突き立ててブラジル式の挨拶を交わしても、老移民たちは深々と頭を下げ続ける。それは時流に抗《あらが》うといった強い姿勢ではなく、〝血の記憶〟に忠実たらんとする、移民ならではのたたずまいにも見えた。

日系移民の歴史

日本人一六八家族（七八一人）を乗せた第一回ブラジル移民船「笠戸丸《かさと》」が神戸を出港し、四〇日間の船旅の末、サンパウロ州の港町サントスに着いたのは、一九〇八年六月十八日のことである。この日から、ブラジルにおける日系移民の歴史が始まった。一九七〇年代まで、日本からブラジルに渡った移民は約二十五万人にのぼる。そして移民開始から一〇〇年以上を経た現在、その子孫を含めて一五〇万人の日系人がブラジルで暮らす。

笠戸丸のタラップを降りる初期移民の姿は、サンパウロの移民博物館に展示された写真で確認することができる。男性ならばスーツにネクタイ、女性はドレスに手袋という西洋式のいでたちだ。誰もが緊張した面持ちでカメラに目を向けている。不安と怯えか、それとも入植への決意か。強張《こわば》った表情には、まるでその先に待ち構えている過酷な生活を暗示するかのような、暗い影が差していた。

一行はサンパウロの移民収容所で振り分けられ、各地のコーヒー農園へ散った。日本人移民は当初、蓄財したら短期間で日本へ帰るつもりでいた。「故郷へ錦を飾る」ことが目的の、出稼ぎ移民である。だが、移民を待ち受けるブラジルの大地は甘くなかった。奴隷制度は一八八八年に廃止されていたが、農園主の意識のなかに、それは残っていた。いまでこそブラジルは「世界でもっとも人種差別のない国」とも言われているが、当時の日本人移民は黒人奴隷の〝代用〟として扱われた。移民を待ち受けていたのは、粗末な住居と残飯のような食事、そして低賃金重労働である。まさに奴隷同然の苛烈な待遇だった。ポルトガル語を解さない日本人を騙して、食料や農機具を高く売りつける地元商人も多かった。

各地の農園で日本人移民によるストライキが続発した。夜逃げする者も多かった。

現在のサントス海岸

移民会社にだまされて
地球の裏側に来てみれば
きいた極楽、見て地獄

そんな戯《ざ》れ歌が残っている。いつの時代であっても、移民の心情はどこかでつながっているのではないか。程度の差はあれど、日本で働く研修生やブラジル人労働者の姿が、私には重なってみえる。

日本人移民同士による対立

日本人移民はその後、奴隷労働から逃れるため、鉄道工事労働者などへ転進したり、あるいは移民同士で金を出し合い、原野を開拓して自作農の道を選んだ。数年で帰るつもりだったのに、なし崩し的な定住化が進んだ。

騙され、迫害され、そして絶望のなかから立ち上がった移民の歴史は、文字通り血と汗にまみれている。成功者も出れば、密林に消えた者もいた。ブラジルに失望し、さらに他の国へと移る者もいた。

第二次大戦終結前後には、日本人移民同士による深刻な内部対立も起きている。いわゆる「勝ち組」と「負け組」の衝突だ。移民の多くはポルトガル語が理解できなかったため、第二次大戦の戦況を正確に知る機会を持てなかった。そのため、南方戦線における日本軍の敗退、玉砕、本土空襲、原爆投下などの事実を信じることができず、一九四五年の敗戦すら「敵のデマだ」として一蹴した。

このように敗戦を受け入れず、日本は戦争に勝ったと信じる者が「勝ち組」と呼ばれ、敗戦の事実を知る「負け組」（認識派とも呼ばれる）との間で対立が激化した。

いう。終戦直後、「勝ち組」の人々は毎日、サントスの浜辺で日本海軍の船を待っていたという。戦勝した日本がアジア各国を占領し、その開拓事業にブラジル移民の力を必要としている、帝国海軍が移民を迎えにブラジルへ向かった——そんなウワサが広まっていたからであった。人々は水平線の彼方に船影が見えるたびに歓声をあげ、それが日本の船でないことを知ると肩を落とした。

陰惨な事件も起きている。「勝ち組」の秘密結社である「臣道連盟」は、「負け組」を国賊、売国奴であるとして、暗殺テロをおこない、二〇人を超える犠牲者が出た。両者の対立は一九五〇年代まで続き、日系社会に大きな禍根を残すことになった。

こうした苦い経験を抱えるからこそ、五〇年代半ばから始まった新しい日本人コミュニティの建設、つまりリベルダーデにおける町づくりに、人々は希望を託したのである。恩讐を超え、団結を取り戻し、同じ母国を持つ者として助け合う。リベルダーデが映し出す「日本」には、当時の移民たちの願いが込められているのだ。

〝天国と地獄〟

そのリベルダーデにおいて、今世紀初めまで、やたら羽振りの良い者たちがいた。

「相当に儲かっていたのだろう。豪邸に住んだり、高級車を乗り回したりしてね。ボッチ（ホステスを外に連れ出すことのできるキャバレー）で派手にチップをばらまいたりしていたのも彼らだったなあ」

と地元商店主も半ば呆れながら振り返るのは、日系人に「デカセギ」を斡旋していた派遣業者の姿である。

かつてリベルダーデには二〇〇を超える派遣業者が事務所を構えていた。同地における派遣業者の特徴は、その多くが「旅行社」の看板を掲げていたことである。実際にツアー商品などを販売しているところもなくはなかったが、主業務はあくまでも「デカセギ」の斡旋だった。いってみれば労働契約付きの長期滞在型ツアーの販売である。

街頭ではキャッチセールスよろしく、「デカセギ募集」のチラシを配る営業マンの姿があった。事務所はたいてい通りの目立つ場所にあり、入り口で「デカセギ」希望の日系人が列をつくっていることも珍しくなかった。

私が訪ねたとき、そうした姿は、まったく目にすることができなかった。代わりに聞こえてくるのは、それまで我が世の春を謳歌していた派遣業者の哀れな末路だ。

倒産、夜逃げ、廃業——。〇八年の大不況を機に、派遣業者の数は激減した。稼いだ金を派手に浪費していた派遣業者のバブル紳士たちはいつのまにか消え去り、堅実な経営をしていた業者も、規模縮小を余儀なくされている。スタッフの数を減らし、事務所も賃料の安い裏通りの雑居ビルへ移転させる業者が相次いだ。リーマンショック以降、日本への送り出しがストップし、商売が立ち行かなくなったためである。

「こんな経験は初めて。もうお手上げですよ」

リベルダーデの派遣業者をいくつか訪ねたが、どこも判で押したように同じ答えが返ってきた。

前年まで二〇人近いスタッフを抱え、大手として知られていたある派遣業者も、いまでは、わずか二人きりで商いを続けている。

「開店休業の状態です。日本からの求人がピタリと途絶えてしまったのだから仕方ない」

担当者は浮かぬ顔でそう話した。

日本側の尊大な物言い

リベルダーデで十五年間、派遣業を営んできたミヤザキ・ヒデトも、

「〇九年に入ってからは、ほとんど仕事にならない。というか実績ゼロ」

と言って頭を抱える。

ミヤザキはかつて、地元新聞社の広告部門で営業マンをしていたが、九〇年代初めに大手の派遣会社へ転職した。当時は「デカセギ」全盛期だった。毎日、事務所に行列ができた。

「一日に一〇〇人くらいの応募者が事務所へ押し寄せていた。派遣業者の仕事はそんなに難しいものではない。基本的には求人広告やプロモートル（リクルーター）を使ってデカセギ希望者を集め、提携している日本の派遣会社へ送るだけ。すぐにノウハウを覚えて独立しました」

実は、「デカセギ」ブームを利用してもっとも儲けたのは、ミヤザキの話のなかに出たプロモートルではないかとも言われている。プロモートルは一匹狼のリクルーターで、各地を回って人を集め、コミッション収入を得ていた。通常、「デカセギ」希望者は三〇万から五〇万円の手数料（航空運賃込み）を派遣会社に支払う。そのうち五万から一〇万円がプロモートルへのコミッションだった。

プロモートルのなかには人材をリクルートする際、大風呂敷を広げる者も少なくなかった。日本に行けば数百万円を短期間で稼ぐことができる、日本の労働環境は素晴らしい、仕事は軽作業でラクだ、などといった口八丁を駆使したため、後々「デカセギ」者とトラブルになることもあった。

さて、独立を果たしたミヤザキも、開業してしばらくは商いも順調に推移したという。日本国内の製造業は人手不足に悩まされており、派遣業への需要は拡大傾向にあった。ミヤザキのもとには、提携する日本の派遣会社から、労働者の送り出しを催促する電話が、ひっきりなしにかかってきた。

「日本語能力は問わないので、男でも女でもいいから、早くこっちに送ってくれ」

「とりあえず健康だったら誰でもいい。指が一本くらいなくても大丈夫だ」

「三ヶ月以内に一〇〇人、送ることは可能か」

まるで機械の部品を注文するかのような日本側の物言いに、ミヤザキは当惑した。

他社との競争も激しくなった。派遣業者が林立し、労働者の奪い合いが起きたのである。サンパウロ周辺だけでは足りず、ブラジル全土のプロモートルを使って人集めをするようになった。アマゾンの奥地はもちろん、ボ

派遣業を営むミヤザキ・ヒデト

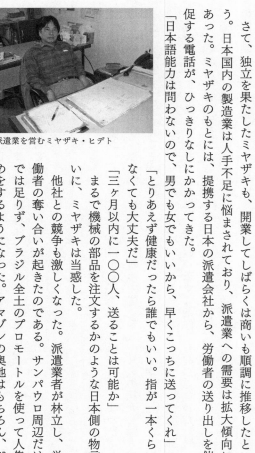

リビアやペルーにまで出張し、日系人をリクルートする者まで現れたという。

ちなみに「デカセギ」に要する手数料は、分割払いが普通だった。「デカセギ」者は日本で就業すると、毎月の給料のなかから返済金を差し引かれた。

二〇〇〇年を境に

二〇〇〇年を過ぎた頃から、派遣業者の業績がわずかに伸び悩むようになった。

その要因としてはまず、派遣業者を頼らず、日本で働く親戚、知人の紹介で働き口を見つける者が出てきたことが大きい。また、日本でブラジル人が増え続けたことにより、供給過剰の状態に近づいたせいもある。一度に一〇〇人を超えるような日本側からのオファーもなくなった。さらに、日本側が示す〝条件〟も厳しくなった。

「日本語をきちんと理解できる人間を送ってほしい」「混血は避けてほしい」――。

雇用の場で日本人との競合が始まり、より日本人に近い日系人を望む声が派遣会社の間で高まったのだ。

そして二〇〇八年秋のリーマンショック。これでブラジルの派遣業者は息の根を止められた。ブラジル人の受け入れどころか、日本では解雇の嵐が吹き荒れた。景気に浮沈はつきものであると開き直り、全盛期と同じようにボアッチで派手にチップを配りまくっていた先読みのできないブラジルの派遣業者は軒並み「飛んだ」。

同じ頃、日本の労働現場で「デカセギ」者の存在を脅かすようなライバルまで現れた。

研修生・実習生である。

なかでも中国人研修生・実習生は企業としての「使い勝手の良さ」から、年々、注目度が高まっていた。景気の悪化とともに、ブラジル人から研修生へと、雇用をシフトする企業が増えたのである。ミヤザキも、長年の得意先であった水産加工の工場から「今後は中国人研修生を使うことにしたい」との通告を受けた。

「中国人なら、ブラジル人の半分の給与で済むと、堂々と言うわけです。なるほど、そうやって人間が使いまわされていくのだなあと、さすがの私もイヤな気持ちになりましたよ。不景気ってのは、ときに企業の倫理観まで壊していくんですね」

取材中、ミヤザキの机の上に置かれた電話が何度も鳴った。いずれも「デカセギ」希望の日系人からだった。そのつどミヤザキは「もうちょっと、待ってみてください」「受け入れてくれる会社が見つかったら、こちらから電話します」と、電話越しに頭を下げた。

「まだまだデカセギを希望する日系人は多い。日本がどんなに不景気でも、ブラジル以上に豊かである現実は変わっていないからね」

だから辛抱強く景気の回復を待つしかないのだと、ミヤザキは諦観したように言った。

ブラジルではオリンピック開催が決まり、「BRICs」の一員として好景気・高成長も伝えられるが、潤っているのは富裕層に限定される。工場労働者など、単純労働に従事する者の月収は一〇〇〇レアル（約五万円）前後にすぎない。ミヤザキが言うように、日本はまだまだ富める国なのだ。

リベルダーデの中心部、日本文化協会ビルの中にある国外就労者情報援護センター（財団法人・海外日系人協会などが運営）では、日本のハローワークと提携して、「デカセギ」者向けの求人情報を提供をしている。だが、ここでもやはり、〇九年春から求人の「ゼロ更新」が続いていた。

増える帰国者の生活不安

求職者向けの掲示板には、求人票の代わりに日本語教室の案内チラシが貼り出されている。

「日本語を話すことができなくとも気軽にデカセギできるような状況は、すでに終わったと見るべきでしょう。もうそんな時代じゃない」

専務理事の浅野嘉之は厳しい顔つきで話した。

同センター主催の日本語講習会受講者は、前年度と比較して一〇倍以上の人が集まっているという。さらに浅野は続ける。

「最近では求人情報の提供よりも、デカセギから戻ってきた人たちの生活相談に、我々の業務のウエイトが傾いている。帰国者が抱える問題も深刻なのです」

そうなのだ。ブラジルの日系社会では日本の不況以上に、帰国者の生活不安のほうが、より大きな問題として捉えられている。

〇八年秋以降、「デカセギ」に見切りをつけて帰国する日系人が急増中だ。一時帰国も含めれば、その数は七万人とも言われる。

私がブラジルへ向かう飛行機のなかにも、日本での求職活動をあきらめ、帰国の道を選んだブラジル人の姿があった。そのうちのひとり、ヘリオと名乗る男性は、「(求職活動に)疲れた。このまま日本にいても先が見えない」と帰国の理由を話した。

ヘリオは栃木県の自動車関連工場で働いていたという。〇九年の春に解雇され、千葉や浜松にまで足を延ばして仕事を探したが、結局、なにも見つけることができなかった。妻と幼い子どもも一緒だ。子どもの将来を考え、ブラジルでやり直すことを決めた。

「ただ、ブラジルで本当にやり直すことができるのか。それが不安だ」

五年ぶりの帰国というのに、ヘリオの浮かない表情が印象的だった。

「帰国支援事業」

日系ブラジル人の帰国を促したもののひとつに、日本政府が〇九年春に打ち出した「帰国支援事業」なる存在がある。これは失職したブラジル人などの日系人を対象に、帰国費用を支給するというもの。厚生労働省が一人当たり三〇万円（扶養家族には同二〇万円）を支給する。ただし帰国費用の支給には「三年以内の再入国ができない」といった条件が付いているところがミソだ。

私が日本での取材で知り合ったブラジル人は、この条件があるために「利用したくない」と答える者がほとんどだった。なかでも「デカセギ」経験が浅く、財産と呼べるものを持っていないブラジル人ほど、そう答える傾向が強かった。「デカセギ」半ばのブラジル人にとって、「三年間の再入国不可」は、確かに簡単に呑める条件ではないだろう。
しかも「帰国支援事業」が打ち出されたばかりの頃、日本政府は「三年」という期限を明示せず、「当面の間は日系人としての再入国を認めない」としていた。これが日本国内のブラジル人の間で波紋を呼んだ。「要するにブラジル人を追い出したいだけなのだろう」「三〇万円でお払い箱か」といった声が続出した。

自らも「デカセギ」経験を持つ「ニッケイ新聞」の深沢も、これに嚙み付いた。深沢は紙面で次のように「帰国支援事業」を批判した。

《入管法改正以来、日系人に対して定住化を前提とした受け入れ体制はまったく講じられてこなかった。その中でもデカセギたちは就労を続けて日本の産業を底辺から支え、そして今、ようやく多文化共生が謳われるまでに定着してきたのではなかったか。それが経済危機となり、「雇用の調節弁」として不要になれば三〇万円と引きかえに帰国を〝支援〟するというのは、あまりに虫が良すぎる考えだ。デカセギとその家族が日本で過ごしてきた一〇年、二〇年という時間は、何かと引きかえにできるものではない》

こうした批判の声に圧《お》されたこともあってか、政府は後に「三年」という再入国不可の期限を設けた。だが、それでもハードルが高いと感じる「デカセギ」者は多い。〇八年以降、七万人と言われるブラジルへの帰国者のなかで、この制度を利用して帰国した者が約一万七〇〇〇人にすぎないところが、そのことを物語っている。

飛行機のなかで出会ったヘリオ一家も、自費帰国だった。「ブラジルでやり直す」と言いながらも、あえて支援事業には頼っていない。よくよく聞いてみれば、ヘリオ自身だけでも「チャンスが見つかれば、もう一度デカセギにチャレンジしたい」と言うのであった。

実際、帰国者を待ち受けるブラジルの経済状況も厳しい。失業率は八％前後で日本以上の数字を示している。たとえ職を見つけることができても、高い学歴や特別な技術がなければ、結局のところ単純労働に従事するしかない。当然ながら、単純労働中心だった日本での「デカセギ」経験は、多くの場合ブラジルではほとんど役に立たない。ブラジルの工場労働者の月収が、平均して五万円前後（※取材時）であることは前述した通りだ。

しかもブラジルの物価は南米一高い。ブラジル滞在中、私が特別に「安い」と感じたのはバスの運賃と、商店で売られる食料品くらいのもので、普通の旅行者である限り、他の南米諸国やアジア各国で感じられるような「割安感」を得る機会はほとんどないだろう。長期間、日本で働き、相当のカネを貯め込むことのできた者ならばともかく、財産を持たずに帰国した日系人の苦労は想像に難くない。

デカセギ者とは

「最近デカセギから戻ってきた人たちは、ほとんどが暗い顔をしている。見ていて、本当にやりきれない」

そう話すのはリベルダーデで印刷業を営む日系二世の女性、シマブクロ・レダである。

「帰国してもほとんどの人が、仕事を見つけることができないでいる。日本で稼いだ金も、すぐになくなる。これが原因で夫婦仲が悪くなって、家庭を壊してしまう人も少なくない。なかには家に閉じこもりがちとなり、鬱病になってしまう人もいます」

シマブクロはそうした帰国者のために、「グルーポ・ニッケイ」なるボランティアグループを組織している。

「日系人の有力者や、企業、県人会などを回って、帰国者に紹介できるような仕事を探しています。また、仕事や家庭のことで悩んでいる帰国者の相談にも乗ります。不

ボランティアグループで帰国者の相談に乗るシマブクロ・レダ

安から抜け出すことができるよう、できるだけきめ細かに対応することを心がけています」

シマブクロによれば、帰国者を迎え入れる日系社会の対応は「必ずしも温かいものではない」という。

「なかでも老移民の方々は、ご自身が苦労をしてきただけに、帰国者を冷たく突き放す傾向が強いようにも思われます。いまだにデカセギじたいを快く思わない人だっている。ですから、私たちのような活動に対しても、『(帰国者を)甘やかすな』といった反応があるのです」

「ニッケイ新聞」の深沢も、日本政府の「帰国支援事業」を批判する記事を書いた際、けっして少なくはない日系人から「なぜそこまでデカセギ者に甘い記事を書くのか」といった批判を受けたという。

「開拓の苦労に比べれば、デカセギの苦労などたいしたことはない。ましてや帰国費用の支給など逆に恵まれすぎている、というわけです」(深沢)

シマブクロが続ける。

「一世の人たちの気持ちもわからなくはありません。でも、考えてみれば、形態こそ

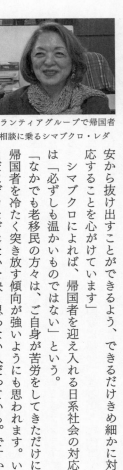

違えど、ブラジルの日系人もみな、デカセギでこの地に来たのです。それはけっして恥ずかしいことではないはずです。そしていま、我々日系人がそれなりの地位を築くことができたのは、各人の努力はもちろんのこと、ブラジル社会が、それを受け入れてくれたからではないですか。出ていく人、新たに入ってくる人、そして戻ってくる人を含めて、そうした人の流れに寛容であったのがブラジルという国です。だからこそ、デカセギに挫折した人にも、素直に『おかえりなさい、お疲れ様でした』と言ってあげたい。困っている人がいるのならば、みんなで助けたい」

連日、シマブクロのもとへは、矢尽き刀折れた感の日系人が相談に訪れる。電話やメールもひっきりなしに届く。仕事が欲しいと涙ながらに訴える人もいれば、配偶者の無理解に対して怒りをぶちまける人もいる。シマブクロたち「グルーポ・ニッケイ」のメンバーは、真剣に耳を傾け、慰め、励まし、そして解決のために奔走する。

どんな気持ちを持って帰国者と接するのか——と私は聞いた。シマブクロは即座に「敬意」だと答えた。

「デカセギ者は日本とブラジルの架け橋。彼ら彼女らは、遠く離れた二つの国を結びつけてくれる存在です」

そして最後に「とっても脆《もろ》くて壊れやすい橋だけれど」と付け加えた。

奇跡的な事例

サンパウロ・グアルーリョス国際空港の出発ロビー。ウエハラ・ジョズエ（二八）はスーツケースを手にして、人待ち顔で立っていた。右手にはパスポートと日本行きのチケットが、しっかりと握り締められていた。

そこへ人材派遣会社「アバンセ」サンパウロ支店のトダ・ジルソンが駆け寄る。ウエハラは大きく手を振って応えた。二人は固く握手をすると、ロビー内のカフェへ場所を移した。日本行きを前にした〝最後の打ち合わせ〟である。

「忘れ物はない？」

「大丈夫」

「向こうの空港には迎えの人が待っている。ちゃんとわかるかな？　迷子になったら、すぐに連絡するんだよ」

「わかった」

トダは就労に必要な書類をひとつひとつチェックしながら、飛行機の乗り継ぎ、到着時の手順まで事細かに説明した。ウエハラは大きく頷く。ときおり、そんなに心配しなくても大丈夫というふうに、苦笑してみせた。一人旅を心配する父親と息子のようなやりとりである。

この時期にしては珍しく、ウエハラは日本への「デカセギ」が決まった。島根県の電子部品工場で派遣社員として働くという。トダによれば「雇用不況のなか、奇跡的な事例」なのだそう。

「〇八年春までは毎月五〇人は送り出していましたが、金融ショック以降はほとんど仕事になっていませんでした。今回、彼は優れた技術を持っていることもあり、なんとか送り出すことが可能となったのです」

「今度は沖縄に行ってみたい」

ウエハラにとっては二度目の「デカセギ」である。以前は長野県の納豆工場で働いた。帰国してからコンピュータの専門学校で学び、最近まではパソコンの修理業を営んでいた。そこで身に付けた技術力で「不況」の高い壁を乗り越え、二度目の「デカセギ」を実現させたのである。ウエハラは言う。

「失業して日本から帰国する人ばかりが目立つなか、僕は本当にラッキーだと思う。

僕は五人兄弟で、両親はずっと苦労してきた。貧しかったからね。だから日本で稼いで親孝行したい。ブラジルでは一〇〇〇レアル（約五万）の月収だったけど、島根の工場は時給一〇〇〇円だから月に二〇万円は貯めることができるはず。頑張って仕送りするつもりです」

彼は「仕送り」以外に、もうひとつの「目的」があるのだと打ち明けた。

「今度は沖縄に行ってみたい。僕のルーツはそこにある。祖父は夢を持ってブラジルへ渡り、苦労しながらサンパウロに根付いた。そのサンパウロで生まれた僕が、祖父の生まれた場所を訪ねるんだ。沖縄って、どんなところなのだろう。すごく楽しみです」

ウエハラの表情には少しの翳りもなかった。不安も迷いも見えない。瞳の奥で希望の色が、沖縄の太陽のように輝いていた。祖父の辿った道を、彼は血の記憶に頼って逆側からなぞろうとしている。世代を超えた里帰りだ。

搭乗時刻が迫ってきた。「さあ」とトダがウエハラの背中を押した。

「さようなら」。ウエハラは日本語で別れを告げ、軽快な足取りでセキュリティゲートの列へ向かった。トダは「ボア　ソルテ（幸運を）」と呟いた。

こうやって、トダはこれまでに何百人という「デカセギ」者を日本へ送り出し、そのたびに空港で見送ってきた。何百という背中に向けて、トダは「幸運」を祈ってきた。

「どうせなら、たくさん稼いで帰ってきてほしいね。いまの時代、それは簡単なことじゃないけれど」

大金を持ち帰った者もいれば、うなだれて帰ってきた者もいる。失職し、帰るに帰れない者も多い。日本で成功して、永住の道を選んだ者もいる。

「私たちの祖先と同じです」とトダは言った。

生きていくためには定点にこだわらない――それが移住労働者という存在なのだ。船でブラジルへ渡った「出稼ぎ」者は、荒地を開墾し、貧困や差別と闘い、その多くが望郷の念を抱きながらブラジルの地に留まった。そして現代の「デカセギ」者は、わずか三〇時間で日本へ渡り、最先端の設備が整った工場に飛び込む。そこに荒地はないけれど、しかし、不安定な非正規労働のなかで、道を見失う者も少なくない。受け入れる日本の側だって、けっして「デカセギ」に優しい社会じゃない。

ウエハラがセキュリティゲートから手を振っている。期待と希望が身体中から発散されていた。その潑剌《はつらつ》とした姿が眩しかった。私もまた、祈った。不況のど真ん中にある日本だけど、無事に稼ぐことができるように。念願の沖縄行きが実現できるように。どうか、日本はこの青年を温かく迎え入れてほしい。なぜだか保護者のような気持ちになって、消え行くウエハラの背中をずっと目で追っていた。

第八章　トメアス——日本から最も離れた場所で

野球は最大の娯楽

アマゾンの日差しが、ジリジリと照りつける。ジャングルの中につくられた野球場は、陽炎《かげろう》の中で揺らいでいるように見えた。

同点で迎えた七回裏の攻撃。監督のシバタ・カズヒロ（四七）が審判に「代打」を告げた。指名されたのは私だ。バットを握るのは何年ぶりだろう。腕まくりしてバッターボックスに立つ。第一球。ど真ん中のストレートを私は見逃さなかった。バットの芯に当たったボールは外野手の頭上を越えて、アマゾンの密林に消えていく——はずもなく、ボテボテとピッチャーの足下に転がるだけだった。しかも久しぶりの全力疾走だったものだから、一塁ベースへと向かう途中で、足がもつれて転んだ。「あ〜あ」と落胆する選手たちの声が聞こえた。どうやらピッチャーの少年は私に花を持たせようと、わざと打ちやすい球を投げてくれたらしい。なのに、この無様な格好だ。腹を抱えて笑う者までいる。仕方ないだろう、日本人がみんな、野球が得意なわけじゃない。

すごすごとベンチに戻ると、見物人のひとりが「最近の日本人は野球が下手だ」と笑いながら私の肩をポンと叩いた。

アマゾンのど真ん中で、まさか少年野球の試合に出るとは思わなかった。この町に着いた日の晩、カラオケスナックの経営者から「明日は日曜日だから、日系人に会いたかったら野球場に行けばいい」と言われたのだ。確かに、野球場には大勢の日系人の姿があった。選手である子どもたち、その親、コーチ、見物人。この町に住む人々にとって、野球は最大の娯楽であることを、そのときに知った。

「地獄」との闘いの歴史

パラー州トメアス。赤道に近いこの町は一九二九年、日系移民四十三家族一二九名の入植によって開拓が始まった。アマゾンで最も古い歴史を持つ開拓地である。いまでこそジュース原料の生産地、あるいはアマゾン自然保護運動の拠点として知られ、日曜日の野球場に象徴される穏やかで平和な佇《たたず》まいを見せているが、かつては「緑の地獄」とも呼ばれるほどの過酷な環境にあった。マラリア、獰猛な野生動物、僻地ならではのインフラ整備の遅れ——。

この地において志半ばで斃《たお》れた者は数知れず、初期移民の多くも逃げるように都市部へ去っている。戦後の一時期、日系人の多くが栽培するピメンタ（胡椒）の相場が上昇し、ピメンタ長者を輩出するまでになったが、その後トメアス一帯で病害が広まり、収穫量は一気に落ち込む。黄金期は一瞬で吹き飛んだ。トメアス日系移民の開拓史とは、まさに「地獄」との闘いの歴史であった。なお、一般家庭に電気と電話が開通したのは八〇年代後半に入ってからだ。それまでは無線で連絡を取り合い、石油ランプで明かりを灯していた。

現在、人口約五万人。そのうち日系人が一万五〇〇〇人を占める。

トメアス中心部

トメアス行きを私に勧めたのは「ニッケイ新聞」の深沢だった。日本人移住地として知られた存在であると同時に、多くのデカセギ者を出した「デカセギの町」だともいう。「サンパウロだけがブラジルじゃない」と話す深沢の言葉に従い、私はトメアスに向かった。

それにしても遠かった。サンパウロから、パラー州の州都であるベレンまで飛行機で四時間。そこからバスで五時間の道のりである。

ベレンではちょうど「日本人アマゾン移住八〇周年」の記念行事が開催中だったため、私はその見学に一日を費やしてから、トメアスへ向かった。バスは赤茶けた大地を進み、ジャングルの中を通る。橋がないアマゾン川の支流では、バスごと大きな筏《いかだ》に乗って対岸へ渡った。

デカセギ経験者が七割

バスの中で一人の日本人と知り合った。トメアスの奥地で農場を経営するナンブ・タカシ（六九）である。ポルトガル語のアナウンスがまったく理解できず、どこで下車すればよいのか不安な面持ちでいた私を見かねたのか、わざわざ途中から隣の席に座ってくれた。

ナンブは四〇年前に日本で大学を卒業した後、アマゾンに憧れてトメアスへ移り住んだという。いわゆる戦後移住者だ。これは後に知ったことだが、「トメアス文化農業振興組合」の役員を務めたこともある、地元日系社会の重鎮でもあった。

私が「デカセギ」について調べていることを話すと、「最近はデカセギに行ったまま、帰ってこない人も増えた」と、少しばかり複雑な表情を見せた。

ナンブによると、トメアスでも九〇年代初頭からデカセギブームが始まったという。当初は、主に女性が日本へ渡った。日系人の多くは農場を経営し、たくさんのブラジル人男性を雇用しているので、夫がデカセギに出てしまうと、妻の安全が気になってしまう。そうしたことから農場経営者の妻が日本へ渡るケースが多かった。

「デカセギ」ブームの背景には、農場経営の不安定な状況があったらしい。

「ブラジルって国には農業政策が存在しない。農業を仕切っているのは資本家ですから、自国農業の保護という観点もないのです。だから農場経営は常に農産物の相場に左右され、なかなか安定しない。トメアスの日系人は、カカオやパッションフルーツ、デンデ椰子《やし》などの農場を経営しているが、それほど広大な農場を持っているわけではない。相場や病害に怯えながら、ぎりぎりの経営を強いられている。そのうえ九〇年前後はブラジルを含む南米諸国がスーパーインフレに襲われた。農産物はさらに不安定な状況に置かれた。物価は急激に上昇し、現金収入の少ないアマゾンの日系人は、稼ぐための手段を必要としていた」

とナンブは説明した。

子どもの教育を考えて日本へ渡る人も多かった。トメアスには高校がない。子どもたちは高校生になると、バスで五時間も要するベレンで下宿しなければならない。生活費としてまとまった金が必要だ。そのうえ大学へ進学するとなれば、もっと金がかかる。大学の学費は日本と同じ水準だ。親たちは日本で稼ぎ、子どものために仕送りに励まざるを得なかった。

主婦層から始まった「デカセギ」は、いつしか若者や、リタイアした老人の間にも広まっていく。特に若者にしてみれば、都会以上にアマゾンは働き口がない。田舎ならではの相互扶助と、豊富な果物によって食うに困らない環境にはあるが、もちろん現金収入がなければ生活設計を描くことはできない。

そうしたことから、トメアスでは日系人の約七割（子どもを除く）が「デカセギ」経験を持つという。「デカセギ」をしたことのないナンブは少数派だ。

ナンブが先述した通り、「デカセギ」に行ったまま帰らない者も多い。子どもの教育費を稼ぐために「デカセギ」した世代とは違い、若者には帰国しなければならない理由がない。

「日本の生活に、そのまま馴染んでしまう者もいる。帰国しても仕事が見つからないといった事情もある。日本でどれだけ稼いでも、こちらで新車を一台買ってしまえば、金なんて、あっという間になくなるよ」

同級生全員が日本へ

そんな話をしているうちに、バスはトメアスの市内に入った。アマゾンという言葉の響きから、密林のなかにある集落といったイメージを勝手に描いていたが、さすがに五万人が住む町である。高層の建物こそないが、中心部には商店やスーパーが並び、それなりの賑わいをみせていた。開拓者によって切り拓かれた町の風情は、どことなく西部劇の舞台を思わせる。

ナンブのおかげで目指すべき場所で下車できた私は、予約していた「加藤旅館」に落ち着いた。経営者のカトウ・アヤコ（六五）は、やはり戦後移住者のひとりで、夫亡き後、「デカセギ」によって旅館の開業資金をつくったという。ここは「旅館」と

ツノダ夫妻はどちらもデカセギ経験者

いうよりはペンションのような趣で、夕食時の食堂では、テーブルの上にカトウ手作りの和食が並ぶ。バス旅で疲れた身体に、ほかほかの白米と味噌汁は、なんとも心地よかった。

同夜、加藤旅館のすぐ裏手にあるカラオケスナックを訪ねた。「オアシス」という名の店はカフェバーのようなつくりで、地元の白人たちがブラジルポップスで盛り上がっていた。経営者は日系人である。

ツノダ・カズヒロ（三五）とオオグシ・タクミ（三四）。ふたりとも慣れた手つきでシェーカーを振り、キッチンに回れば彼らの妻が、焼きそばやサンドイッチの調理に励んでいた。全員「デカセギ」経験者である。

「日本の夏は、とにかく暑かった」とツノダは言った。赤道直下に住む人間が、どうしてそんなことを言うのかと私が笑うと、ツノダは「暑さの質が違う」と大真面目な顔で答える。

「確かに、ここだって暑い、でも木陰に入れば森の風が身体を冷やしてくれる。日本には、あまり木陰がなかった。おかげで二度も熱中症にかかったよ」

ツノダは二十一歳の時に初めて日本へ渡った。以後、三回の「デカセギ」をこなした。栃木県の建設会社で、型枠大工などをしていたという。「新潟ドームの屋根をつくったのはオレ」と、ツノダは胸を張った。三回の「デカセギ」によって稼いだ金で、「オアシス」をつくった。娯楽が少ないトメアスの、文字通り〝憩いの場〟であり続けたいという願いが込められている。

初めて日本を訪ねたとき、「サンパウロと同じだ」と感じたという。

「大都会という意味だけではなく、目に入る人が、みんな忙しそうに見えた。実際、出会った日本人はいつもなにかに追われているようで、あまり、かまってもらえなかった」

と苦笑する。日本人はブラジル人に対して冷たいと感じたこともある。

「日本語が不自由というだけで、すぐに距離をつくる。だから、なかなか友達をつくることができなかった」

最初の「デカセギ」のとき、勤めていた栃木の建設会社が倒産した。数ヶ月前から給与が未払いのままだった。無駄働きになるのがイヤで、周囲の人間に助けてほしいと頼んだが、日本人はみな「しかたない」というばかりだった。失業したときに、どんな手続きをすればいいのか、どこへ相談に行けばよいのか、誰も親切に教えてくれなかった。日本の仕組みに無知である自分が悔しかった。そして、身近に相談できる友人をつくることのできなかったことが悲しかった。その経験をとおして、ツノダは「日本は仕事をするだけの場所」と割り切った。

普通に働いている限り、給与は悪くなかった。建設会社の仕事は、多いときに一ヶ月で三〇万円を稼ぐこともできた。トメアスでは考えられない給与である。生活も便利で、公共交通機関は整備されているし、金さえあれば欲しいものは大型スーパーですぐに手に入る。その便利さに身体が慣れて、トメアスに戻ってこない友人も多い。

「無理もないと思う。トメアスには仕事がないしね。だからオレは自分で店を開いた。この町で暮らしたかったからね」

同級生のすべてが日本へ渡った。そのうち、現在トメアスで暮らしているのはツノダだけだという。

妻のミドリは当初、福島県のソニーの工場で働き、その後、栃木県のゴルフ場へ移った。その頃、キャディの多くが「デカセギ」者だった。ミドリは、「日本で研究した」という醤油ラーメンを、ごちそうしてくれた。麺は市販のインスタントを利用しているが、スープは手作りである。「研究」の甲斐があり、濃厚な醤油味がうまかった。それでも「ラーメンの味だけは、日本に負ける」とミドリは悔しそうに言った。

日本か、アマゾンか——

共同経営者のオオグシ・タクミは、十六歳のときに初めて「デカセギ」した。その頃は一〇代で日本へ渡る人間が珍しくなかった。水戸（茨城県）の金属加工工場で働いた。日給八〇〇〇円。一〇代の少年にとっては大金だった。これを、せっせと両親のもとへ仕送りした。両親のために家を建てることが夢だったという。

「だから休まないで働いたよ。最初の頃は、少しも遊ばなかった。贅沢もしなかった。昼食は、一〇〇円の野菜ジュースだけで我慢した」

オオグシもまた、日本で「ガイジン扱い」されたことに、いまでも複雑な感情を持っている。

「ある日、福島県へデカセギしている姉のもとへ遊びに出かけた。住所を書いた紙切れを手にして住宅街を歩いたが、どうしても姉の家が見つからない。しかたなく、たまたま近くにいた人に住所の確認をしたら、何も答えずにいきなり玄関へ逃げ込み、ドアを閉められた。なぜか開いていた窓まで閉められた。その頃はたどたどしい日本

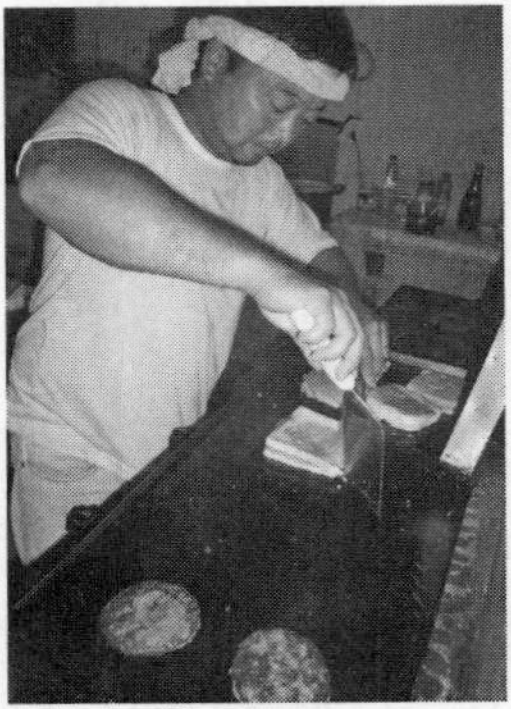
調理中のオオグシ・タクミ

語だったので、怪しい人間だと思われたのだと思う。似たような経験はほかにもある。日本人はガイジンはみな泥棒だと思っているようにも感じたよ」

オオグシは「もう一度くらい、デカセギに行ってもいいと思っている」と話した。もうすぐ三人目の子どもが生まれるからだ。子どものためにも蓄えはあったほうがいい。

「でも、あくまでもデカセギ。日本は働くにはよいけど、生活はできないな。たとえ一日に一万円を稼ぐことができたとしても、こっちのほうがいい。オレは日本人にはなれないし」

彼らが使う「日本人」という言葉が、妙な響きをもって耳に刺さった。日本の名前と顔を持ち、身体に流れる血を辿れば、そこへ行き着くというのに、「日本人」と「日系人」の間には距離がある。いや、深い溝がある。

それでもやはり、オオグシの同級生たちも、そのほとんどが日本へ行ったきり帰ってこない。日本に慣れるか。アマゾンでの穏やかな暮らしを取るか。日系人たちはいつも、その間で揺れているのだとオオグシは言った。

「日本は窮屈だったなあ」

翌日、ツノダとオオグシに誘われて、野球場へ出かけた。子どもたちの練習試合に出場するハメとなったのは、彼らのせいでもある。

野球場には多くの日系人が集まった。

ここは地元日系人たちの交流の場でもある。元は畑であった土地を、日系人たちが整備して野球場をつくったのだ。その隣には、同じく日系人によってつくられたゴルフ場「トメアス・カントリークラブ」がある。クラブハウスも芝張りも、すべて「手作り」であることが自慢だ。

野球の試合を終えたら、木陰のテーブルでランチタイムである。確かにツノダの言う通りだった。木陰にはアマゾンの風が吹き抜ける。木の葉がさわさわと揺れるたびに、汗がすっと引いていく。テーブルには冷えたビールやトロピカルジュース、おにぎりやサンドイッチ、焼き魚、煮物などが並べられた。日本語とポルトガル語がちゃんぽんで飛び交う。特別な行事という風でもなく、みな自然体で、当たり前のように

野球の試合の後、ランチタイム

ビールの栓がポンポンと開けられ、にぎやかな時間が過ぎていく。

ツノダやオオグシがこだわるのは、こうした時間なのだと思った。町の日系人はみなが「顔見知り」であり、良い知らせも悪い知らせも共有する。野球が好きであろうと嫌いであろうと、週末の野球場へ行けば酒が飲めるし、メシを食うこともできる。昔、日本でも見ることのできた村落共同体の姿である。一世がその伝統をアマゾンに持ち込み、ブラジル特有の楽天主義を加えた形で生きているのだ。

ビールをうまそうに飲みながら、ササハラ・トミオ（七〇）は「日本は窮屈だったなあ」と漏らした。都合三回、全部で六年間のデカセギ経験者だ。

「日本に滞在中、親戚の冠婚葬祭に何度か出かけた。これがまた、堅苦しくて肩が凝る。なんていうか、人間の体温のようなものが感じられない。私の親戚も、息子の大学の自慢ばかりしてたしね。ブラジルに戻ったときにはほっとしたよ。トメアスは本音で生きていくことができる。なんというか、人間と人間の距離が近いんだ。金持ちでも貧乏でも、こうやって集まって食事でもすれば、なんにも気にならないしね。そういう社会なんだよ、ここは」

日本ではトメアスのことを考えながら、「あと何日」と帰国日を数える毎日だった。

「夜、布団に入ると、頭の中にドロガニ（マングローブで採れるカニ。アマゾンの名物）が浮かぶんだよ。ああ、あいつを食いたいなあと。私は二〇歳のときに移民としてここへ来たが、もうすっかりブラジル人の身体になってるよ」

妻のクニコ（七〇）も、夫と一緒に「デカセギ」をした。同じ紡績工場で働いた。工場の〝同僚〟は、一〇代、二〇代の日本人女性ばかりだった。

「年齢差もあったから仕方ないけれど、やっぱり私には日本の若い女の子たちとは話が合わなかった。こちらに住んでいる若い人とは、なんでも話ができるけれど、日本の女の子は年上の人間に興味などなかったみたい。それにねえ、私がブラジルから来たってだけで、なんとなく差別的な視線を感じた。デカセギだからって、見下されているように感じたこともあるわ」

ササハラ夫婦がデカセギ時代を語る

働きづめの毎日

監督のシバタは元船乗りである。がっしりした体格と浅黒い肌は、海の男を思わせる。中学校時代は「名投手」としてアマゾン中に知られた。ベレンの商船大学を出た後、貨物船の乗組員となって世界中を回った。八四年、二世のシバタは初めて日本の土を踏んだ。貨物船が千葉港に寄航したのである。

「両親が生まれた国は、なんて清潔なんだろうと嬉しくなった。いつか、この国で少しでもいいから暮らしてみたいと思った」

その後、貨物船の仕事を辞めてトメアスに戻った。父親の農場を継ぐためである。九〇年、今度は「デカセギ」で日本へ渡った。農場経営に必要な融資を受けていたが、支払いに窮したからである。

「以前、貨物船で寄ったときと、自販機のジュースの値段が変わっていないことに驚きました。その頃のブラジルはスーパーインフレでしたからね。物価が短期間で数倍にも上昇していた時代ですよ。ジュースの値段に変化がないという、その安定した日本の経済力に感心しましたね」

静岡県内の電線工場で約一年働いた。さらに九八年から〇一年にかけて、二度目の「デカセギ」をした。そのときは妻と娘も日本へ連れていった。どこにいても家族皆で暮らしていたかった。

「岐阜県のセラミック工場。毎日、十四時間働いたよ。日本人は残業も夜勤もやりたがらないからね。だから僕は喜んで残業した。一日に一万四〇〇〇円をもらった。お金を使うヒマもなかったし、どこにも遊びに出かけなかった。だから貯金はできたよ。でも、日本の会社は休憩時間がほとんどないからね。さすがにぶっ続けで働くのは疲れたね」

元船乗りのシバタ監督（左）と、カカオ農家のキムラ・ユーイチ（右）

シバタは、「九〇年代後半までが、デカセギにとっては一番稼ぐことのできた時期だ」と話した。

「いまも知り合いが大勢、日本にいるが、一〇〇〇円以上の時給をもらっている者などほとんどいない。それどころか失業者ばかりだよ。私の弟も最近まで日本にいたが、迷った末に日本の帰国支援事業を利用して帰国したよ。三〇万円をもらってしまったから、しばらくはデカセギに行けない」

カカオ農家のキムラ・ユーイチ（四三）は、「景気が良くなったら、また日本で働きたい」と話す。「日本の食事が忘れられない」からだ。

「なんといっても、〝つぼ八〟。あの居酒屋は最高だよ。安くて美味い。ホタルイカ、車えび、イカ焼き。みんな〝つぼ八〟で覚えたよ。贅沢な食事だったなあ。日本はラーメンも最高だね。横浜の〝壱六屋〟は並ぶ価値があるよ。回転寿司なら、静岡の〝にこにこ寿司〟かな。清水にも感動ものの定食屋があったなあ。エビフライがデカい店で、確か店の名前は……」

キムラの口からは、すらすらと各地の〝名店〟が飛び出してくる。

ずっと工場で働いた。長野、静岡、群馬、千葉の各地を転々としたという。

「当時、溶接の技術があると給料が高かった。だから『溶接できます』とウソついて働いたこともあった。すぐに素人だってバレたけど、社長が親切な人で、怒りながらも一所懸命に教えてくれたよ。おかげで溶接の腕が上がった。あの社長には感謝している」

悪い話ばかりじゃない。生きるための小さな「ウソ」を見逃してくれた「社長」の太っ腹に、なぜか私も感謝したくなった。そんな日本人もいるのだと、ほっとした。

「一〇年間のデカセギで一〇〇〇万円を貯めた」とキムラは言う。そのためにはどんな働き方をしなければならなかったか、想像すると恐ろしくなった。誰に聞いても、ほとんど休みを取らず、働きづめの毎日だったと話す。日本人がやりたがらない夜勤を引き受け、十二時間、十四時間という長時間労働をこなす。日本の企業は、そうした労働者を必要としていた。と考えれば〝つぼ八〟も回転寿司も、あまりにもささやかすぎる「贅沢」ではないか。

それぞれの「デカセギ」への思い

監督のシバタがデザートのオレンジを配り始めた頃、ちょうど隣のゴルフ場「トメアス・カントリークラブ」でも、プレー後の宴会が始まった。ツノダに誘われてクラブハウスの屋外テーブルへ寄ってみれば、こちらは一世を中心とした日系人が集まっていた。半分近くは女性である。大雑把に色分けすれば、二世から下の世代は野球。一世はゴルフ、という感じだ。なお、ゴルフ場は日系人によって共同運営されている。芝の維持管理も、分担制だ。トメアスのゴルフは金持ちの娯楽ではなく、住民たちの憩いの場として機能している。

ビールやウイスキーを飲みながら、一世たちは日本の話題で盛り上がる。さすがに年配者らしく、話の中身は日本の政治から相撲までと幅広い。民主党政権への評価。芸能界の麻薬汚染。朝青龍の立ち居振る舞い。侃々諤々《かんかんがくがく》の議論が続く。皆、NHKの国際放送を観ているので、日本の事情には詳しい。

いつしか話題は「デカセギ」に及んだ。日本政府の帰国支援事業について、ひとりが「要するに追い出し政策だ」と批判した。

「三〇万円を渡して、とっとと帰ってくれと言ってるに等しい。一生懸命働いてきた人間に対して、こんな失礼なことはない」

これに対し、別のひとりが反論する。

「そんなことはない。帰国事業は日本政府の配慮だ。帰国費用の面倒を見てくれるというのは、配慮しすぎだとも思う」

それぞれが「デカセギ」に対しての思いを抱えている。それだけ、この町では「デカセギ」が身近にある。

私の隣に座った六〇代の女性は、九〇年代初めに「デカセギ」を経験したという。

「東京都の病院で、お年寄りの入院患者の付添婦をしたのよ。私ひとりで、三人のお年寄りを担当しました。二十四時間勤務の交代制です」

過酷な勤務である。しかし給与は月額で五〇万円になることもあったという。それを聞いた私は思わず、「すごい」と反応してしまった。すると私の目の前の男性が、静かな声で、たしなめるように言った。

「そんなに『すごい』給料でもあるまい。二十四時間、気を休めることもできず、ずっとお年寄りに付き添っているんだ。食事や入浴の介助から、下の世話まで、つきっきりだよ。しかもお年寄りに敬意を持って接するんだ。いま、日本でこうした仕事に就く人が、どれだけいるのかね。結局、デカセギ者がそれを引き受けたんだよ。確かに給与は高かったかもしれんが、それは当然の報酬だよ」

その通りかもしれない。給与の額だけに反応してしまった自分が、少し恥ずかしかった。

本当に「すごい」のは、移民としてブラジルへ渡り、ジャングルのなかで格闘し、開墾し、道を切り拓き、そして家族を養うためには「デカセギ」することも厭《いと》わなかった、老移民たちではなかったのか。深い皺と日に焼けた肌は、彼ら、彼女らの闘いの軌跡である。

陽が傾くまで談笑は続いた。日本から最も離れた場所で、日本への思いが語られる。時間はゆっくりと流れた。一世の話すクセのない日本語は、木陰を抜ける風のように、なんとも優しいリズムで耳に心地よかった。

トメアスを案内してくれた青年

翌日、トメアス文化農業振興協会（ＡＣＴＡ）の職員、マッザキ・ジュン（三三）の案内で、トメアスの町中をまわった。マッザキはこの世代には珍しく不自由なく日本語を話す。物腰も柔らか、礼儀正しい好青年であった。しかもアポイントを取ることなく、いきなり訪ねた私に対し、「せっかく来たのだから、トメアスをしっかり見てほしい」と、わざわざ案内役を買って出てくれたのである。

マッザキ自身も、九〇年からの五年間を日本で「デカセギ」者として過ごしている。埼玉県内の金属加工工場で働いた。

「それまで日本に憧れていた」とマッザキは言う。テレビで観る日本は美しかった。白砂青松の海岸線。東北の雪景色。大都会の夜景。どの光景もマッザキの心を奪った。一世の父親から聞く、礼儀正しく心優しい日本人の姿も興味深かった。

それで、実際の日本はどうでした？——

私の質問に、マッザキは申し訳なさそうな表情を浮かべた。

「想像していた日本とは、ちょっと違った。いや、景色は美しかったけど。なんていうか、日本人に、あまり溶け込むことができなかった。会社の飲み会のときなどは、気安く声をかけてくれるのだけれど、それ以外のときは、距離を置かれてしまう。日本人は酒の席でないと、親しくしてくれないのかなあと思った」

日本人はシャイなんだよ。私は日本人代表のような気持ちで釈明するしかなかった。「きっと、そうなのでしょう」と話を合わせてくれるところが、マツザキの優しさである。

トメアスを案内してくれた、日本語を不自由なく話すマツザキ・ジュン

「ピメンタ御殿」

彼の案内で移民史料館や、初期移民の家屋を再現した「移民の家」、日系人が運営するジュース工場などを見学しながら、途中で何件かの「デカセギ」経験者宅を訪問した。

コロニアル様式の大きな屋敷に住んでいるのは、ヤマダ・ハジメ（八二）である。

ヤマダは一九二九年、両親と一緒に広島からトメアスへ移住した。つまりアマゾンにおける第一回移民である。そのときはまだ二歳だった。以来ずっと、この場所に住んでいるのだと言った。

「子どもの頃、このあたりはジャングルのど真ん中でね、そこらじゅうに野生動物がいたよ。夕方になるとガリーバ（猿）がキーキー鳴くんだよ。私はこの鳴き声が怖くてしかたなかった。夜になると、家の鶏を狙ってオンサ（ヒョウ）もやって来るんだ。そんなときは、親父と一緒に松明《たいまつ》を振り回して追い払ったもんだ」

家族みんなで斧を持ち、開墾地を広げた。戦前は米とトマト、キャベツなどを栽培し、それをベレンの市場で売った。その当時はベレンにつながる道はなく、船で川を下った。ベレンまで十八時間を要したという。

マラリアに倒れる者も多かった。戦前移民のほとんどは、過酷なアマゾンの環境に耐えることができず、サンパウロなどの都市へ移っていった。第二次大戦が始まると、アマゾンの日系人はブラジル警察の監視下に置かれた。「敵性国民」のレッテルを貼られ、日系人が三人集まっただけで逮捕された。

「どうにか生活が軌道に乗ったのは戦後になってからです。終戦直後から始めたピメンタ（胡椒）栽培が大当たりしたのです。ピメンタ一トンで車が一台買えた。私の農場では一時期、年間に一二〇トンの収穫がありました」

ピメンタで「大当たり」した農家は、こぞって大きな家を建てた。それが、トメアスでいうところの「ピメンタ御殿」だ。ヤマダの家も、そのひとつである。太い柱と梁は日本家屋の様式だが、クリーム色に塗られた外壁と青色で縁取られた窓枠が、コロニアルな雰囲気を醸し出している。ただし「御殿」とはいっても室内は極めて質素で、板張りの床に黒光りした年代物の家具が置かれているだけだ。部屋の隅には簡素な仏壇が置かれていた。その横には南国風の花が添えられている。毎朝ここで、亡くなった両親に手を合わせる。

ピメンタ景気は一過性のものだった。六〇年代後半から病害が広まり、トメアス全域のピメンタが根腐れをおこした。また、相場も乱高下を繰り返し、「ピメンタはギャンブル」とまで言われるようになった。そこでフルーツ栽培なども始まるのだが、保護政策が存在しないブラジルでの農業は、国際競争に翻弄された。そのような状況のなかで、現金収入を求めて、トメアスの人々は「デカセギ」に出るようになったのである。

食っていくために、生きていくために

ヤマダも九一年に「デカセギ」した。

「実は、日本に住んでいる姉を訪ねることが渡日の目的だった。だが、その頃の日本は人手不足で、日系人労働力は多くの職場で必要とされていた。これもいい機会だろうと思い、私も働いてみることにした」

すでに六十四歳ではあったが、豊橋の紡績工場は喜んで採用してくれた。日本語能力が極めて高かったので、通常の作業だけでなく通訳も任された。結局、紡績工場で七年間働いた。

「一ヶ月のうち、休日は一日しか取らなかった。日系人はみんな、そうしていたよ。日給は一万円だったから、月収三〇万円。でも、仕事はきつかった。なぜか日系人だけが重労働を任されるんだ。明らかな差別だと思う。でも、文句を言わずに働いた。ジャングルの開墾の苦労に比べれば、たいしたことないからね」

日本に滞在中、思い立って故郷である広島の山間部に出かけた。

二歳でブラジルへ渡ったヤマダは、自分が生まれた土地の記憶がない。だから、しっかりと見ておきたかった。

一世移民のヤマダ・ハジメ。
体全体から、開拓移民としての「誇り」を感じた

「ものすごい山奥でね、なんにもない貧しい村だった。両親がなぜ、移民となったのか、村の風景を目にして、その理由がわかりましたよ。食っていくために、ブラジルへの移住に賭けたんだ。不思議なものですね。私もまた、生きていくために両親とは逆のコースを辿ったのですから」

ヤマダは記憶も話し方もしっかりしていて、とても八十二歳には見えない。写真を撮らせてほしいと頼むと、ヤマダは糊の利いた真っ白なシャツに着替え、裸足のまま革靴を履いて玄関前でポーズを取った。なんともいえずダンディだった。開拓移民の誇りが、全身から発散されているようにも見えた。

日本で一番驚いたこと

ヤマダの家とは別の「ピメンタ御殿」にも、マツザキは案内してくれた。出迎えてくれたのは、ハナワ・シズコ（五五）。

彼女は九一年から九八年まで渋谷（東京都）の病院で付添婦として働いた。娘の教育費を稼ぐことが目的だった。この病院には同じ時期にトメアスから約三〇人の女性が「デカセギ」に来ていたという。二十四時間勤務で、三人の患者を受け持った。

「同僚がみんな、トメアスの人たちだから、少しも寂しいことはなかったわよ」

ハナワは明るい表情で「デカセギ」時代を振り返った。

「駒場に寮があって、六畳一間に五人で生活したの。確かに狭かったけど、交代勤務だったから、全員が揃うことはなかったし、なんとかなりましたよ。まあ、そんな暮らしも楽しい思い出ね」

デカセギ時代を明るく話すハナワ親子

七年間、まとまった休みは一度も取らなかったという。そもそも付添婦には盆も正月もないのだ。

ハナワが身を粉にして働いたおかげで、娘は無事にベレンの高校を卒業し、いまは結婚して一児の母である。その娘——ハナワ・エリアネも、〇五年から〇九年三月まで、夫と一緒に日本で暮らしていた。最初は横浜（神奈川県）の携帯電話工場で働いていたが、子どもが生まれてからは主婦として、溶接工場で働く夫を支えた。今回帰国したのは、不況によって夫が仕事を失ったからである。

「ちょうどいい機会だと思った。子どもを育てるなら、私はブラジルのほうがいいと思ったから」と、エリアネは安心したような顔で話した。

エリアネが日本で一番驚いたのは、女子高生のファッションだった。

「ヤマンバ。ガングロ。なぜ、あんな格好をするのか、いまでも理解できない。日本の女の子って、とっても不思議。でも、コギャルの洋服は可愛かったかな」

「此処で生きねば」

トメアスのジュース工場で働くツルザキ・トキエは、九〇年、十六歳の時に母親と一緒に日本へ渡った。愛知県の紡績工場で働きながら、会社に併設された高校で学んだ。日本語のハンディがあるので、必死に勉強したという。早朝に起きて予習をし、午前中は学校、午後から夕食の時間まで工場のラインに立った。

高校の同級生は、ツルザキの目にはとても子どもっぽく映った。

「ブラジルの高校生は、みんな将来の夢を語るし、考え方もしっかりしている。社会に対して、自分の意見も持っている。日本の高校生は、あまりそういう話はしなかった。同じ年齢でも、すごく幼く見えた」

ツルザキが働くジュース工場は、日系のトメアス農協が運営している。生産されているのはアサイーという果物を原料としたジュースだ。アサイーは多くのポリフェノールを含んでいるため、日本でも健康飲料として大きな注目を集めている。

実は、この工場は「デカセギ」に頼らずとも地元で現金収入が確保できることを目標につくられた。案内してくれたマツザキは「ここが軌道に乗れば、たくさんの雇用が確保される」と話した。

農作物の国際競争に翻弄され、病害に怯えるトメアスの人々にとって、安定した産業をつくり出すことは悲願でもある。「デカセギ」は確かに利益を生んだ。だが、家族が長きにわたって離れ離れとなることに不安を感じる日系人は多い。

「地元で稼ぐ道があれば、そのほうがよほどいい」とマツザキは言う。

本当は、好んで「デカセギ」に出る者などいない。トメアスは日本以上に「日本」だし、豊かな自然も、その恵みもある。そして野球場も。

夕方、マッザキに見送られ、私は再びバスに乗って、来た道を戻った。往路と同じように、アマゾンを流れる川を筏で渡った。

ちょうど夕暮れ時だった。川の対岸に、大きな火の玉のような夕陽が、ゆっくりと沈んでいく。その瞬間、風がぴたりと止んだ。川面《かわも》が真っ赤に染まる。自分自身まで夕陽に飲み込まれたような気がした。夕空が燃えている。暗闇の一歩手前は、なぜこんなにも美しく、そして艶っぽいのだろう。

私はふと、アマゾンの老移民たちが詠んだ歌を思い出した。いずれも数日前に、ベレンでおこなわれた「アマゾン移民八〇周年」の会場に展示されていたものだ。

アマゾンの　落日にもゆる　夕茜《ゆうあかね》　郵便物のとどかぬところ

皿洗う　母の傍《はた》えで　子の釣れる　ピラニアは赤き　腹ひるがえす

アマゾン川支流の夕陽

此処がいい　此処で生きねば　移民の日

その哀切さが胸に迫り、息苦しくなった。
「此処で生きねば」という移民の声が、耳奥に響いたような気がした。

おわりに

二〇一〇年一月二十九日、熊本地方裁判所（熊本市）。裁判長が判決文を読み終えると、原告の劉君《リュウジュン》（二五）と谷美娟《グウメイチエン》（二二）の二人は法廷から飛び出した。裁判所正門に駆けつけると、待ち構える支持者と報道陣に向けて、二枚の垂れ幕を掲げた。

「勝訴」

「我們不是奴隷《ウオメンプーシーヌーリー》」（私たちは奴隷ではない）

拍手と歓声が沸いた。

二人とも目が潤んでいた。

「嬉しいです」「研修生も人間だということが認められた」

報道陣が差し出すマイクに向かって答える彼女たちの顔は、上気して真っ赤に染まっている。

「思い出せばつらいことばかりだけど……」

谷はそこまで話すと、子どものように泣きじゃくった。

彼女たちを含む四名の中国人実習生が、未払い賃金と慰謝料の支払いを求めて実習先企業（縫製会社）などを訴えたのは、二〇〇七年十二月のことである。

実習生は全員が中国・山東省出身で、〇六年の研修生として来日。熊本県天草市の縫製工場で働いていた。賃金は月に六万円、そのうち五万円は「逃亡防止」目的で、会社側が管理する口座へ強制的に貯金させられた。しかもその預金の一部を、会社は事業資金として無断流用していた。

連日、深夜まで働かされたが、残業時給は三〇〇円だった。休日は月に一日か二日。外出するときは社長の許可を必要とし、携帯電話やパソコンの所持も禁止されていた。パスポートも取り上げられた。こうした過酷な待遇を、彼女たちが「奴隷」だと感じたのも無理はない。泣き寝入りをよしとせず、裁判闘争の道を選択した。

判決理由で同地裁の高橋亮介裁判長は「研修は名ばかり」だとして、実態が低賃金労働であったことを指摘。さらにパスポートの取り上げなどが「人格権を侵害するもの」だと認定したうえで、企業などに未払い賃金と慰謝料の支払いを命じた。

特筆すべきは企業のみならず、受け入れ機関である協同組合に対しても、「共同不法行為責任」があるとして、慰謝料の支払いを認めたことである。研修生・実習生の労働条件をめぐる裁判で、協同組合の責任が認定されたのは初めてのことであった。

弁護団のひとり、小野寺信勝弁護士は判決を次のように評価する。

「協同組合の不法行為が認められたのは画期的。本来、受け入れ機関である協同組合は、企業に対して違法労働や人権侵害がないよう指導すべき立場にある。しかし実際は、協同組合が自ら、違法労働を〝指導〟しているケースが少なくない。こうした実態に初めてメスが入れられた」

判決後の集会で、原告の二人は「これをきっかけに、奴隷のように虐げられている全国の研修生が救われるように願っている」と声を合わせた。

泣き寝入りすることの多かった研修生・実習生が、〝反撃〟に出るケースが増えている。強制帰国や保証金の没収といった脅しが公然とまかり通っている以上、そこまで踏み切るのは全体から見れば少数派ともいえるが、それでも裁判や労働審判の件数は飛躍的に増加した。

その端緒となったのが、外国人研修生問題弁護士連絡会の結成である。同連絡会は、研修生・実習生の労働問題に深い関心を寄せる弁護士が集まり、〇八年に結成された。

現在、会員弁護士は九〇名。各地の労働組合や市民団体とも連携し、研修生の法的救済に乗り出すようになった。

「これ以上、まやかしの制度を放置するわけにはいかない」と話すのは、同連絡会共同代表の指宿昭一弁護士である。

「どんな建前を用いようが、研修制度は権利侵害の温床となっているのは事実。まさしく奴隷労働以外のなにものでもない。苦しんでいる研修生らと共に、究極的にはこの制度の廃止を目指していきたい」

現在、指宿弁護士が特に注目しているのは、研修生・実習生の〝在職死亡〟である。

「〇八年には、三十三名の研修生・実習生が日本で命を落としている。そのうち脳・心臓疾患による死亡者は十五名（他に自殺者一名、作業中の死亡者六名）。心臓死の発生割合は、一般的な日本人の倍にもなっています。この多くは、いわゆる過労死ではないのか。多くの研修職場では、長時間労働が常態化している。早朝から深夜まで、ぶっ続けで働かされるケースは少なくない。こうした実情もまた、研修生らがいかに弱い立場にあるのかを示すものだ」

全国で問題が噴出するなか、国もようやく「奴隷制度」の改革に乗り出した。

二〇一〇年七月より入管法の改正に伴い、研修制度もまた改正される。これまで二年目から実施されていた「技能実習」を、来日三ヶ月目から移行できることにし、最低賃金の支払いや労働条件の明記など、労働関係法規適用の徹底を図るというものだ。

だが、その実効性を疑う声は強い。前出の指宿弁護士も「小手先の改正にすぎない」と手厳しい。

「要するに労働者性としてはグレーゾーンであった一年目の研修期間がなくなるということ。しかし、これまでだって実習生には労働法が適用されていたにもかかわらず、多くの経営者、受け入れ機関はそれを無視してきた。今回の制度改正で、一気に〝奴隷労働〟がなくなるとは考えにくい」

実際、研修生を雇用している企業の間からも「労働法を守っていたら、外国人を雇う意味が無い」といった声が漏れ伝わってくる。

そもそも国は、いまだ研修制度が「国際貢献」であるとの建前を崩していないのだ。いったい、どこまで、すっとぼければ気が済むのであろう。何度でも言う。字句通りの研修、実習など、ほとんど存在しない。その制度によって来日した外国人が従事しているのは単純労働である。日々、労働者として、この日本で生きているのだ。しかも期限を区切られ、安価な労働力として働かされている。この現実に向き合うことなく、本当の「改革」などあり得ない。

リーマンショック以降、人員削減、解雇の波にもまれ続けてきた日系ブラジル人社会も、いまだ状況は変わらない。

「ブラジル人の雇用の受け皿であった自動車関連産業も、いまだ雇用環境は改善されていない」と話すのは、東海地方の人材会社である。

「求人数は少しずつ増えている。しかし、その中身はアルバイトや、短期間就労がほとんど。以前のような工場での仕事はほとんどない」

だがそうしたなか、工場労働ではなく、新たな分野に挑戦するブラジル人の姿も目立ってきた。

＊　　＊　　＊

三重県四日市市で特別養護老人ホームやケアハウスなどを運営する社会福祉法人・青山里会《せいさんり》。同会には現在、五〇人を超えるブラジル人が介護職員として働いている。

そのひとり、ハマダ・クリスチーナ（三八）は、お年寄りの車椅子を押しながら、「仕事が楽しくてしかたない。（お年寄りから）べっぴんさんだとホメられると嬉しい」と笑顔を見せた。

一九九二年に来日して以降、ずっと自動車関連工場で働いてきたが、〇八年に不況で仕事を失った。ブラジル人には工場での仕事しかないと思いこんでいたが、たまたま求人を出していた福祉の世界に飛び込んでみた。

「それがこんなに、やりがいのある仕事だとは思わなかった。機械よりも、人間と向き合うほうが楽しい。ブラジルは大家族主義だから、ある意味、日本人以上にお年寄りと接する機会には恵まれていた。だから、お年寄りには慣れている」

当初は「ガイジン」として、おそるおそる向き合っていた入居者のお年寄りも、いまではハマダを自分の娘のようにかわいがる。

「この子、優しい子や。この子の姿が見えないと寂しくてかなわん」

八〇過ぎの男性入居者は、ハマダの頭を撫でながら相好《そうごう》を崩した。

同じく職員のサイキ・サチエ（三〇）も、「新しい道を見つけたように思う」と明るく話す。やはり長きにわたって自動車関連工場で働いてきた。

「賃金は工場のほうが高い。でも、人間相手の仕事のほうが充実している」

工場では自動車のエアコンの部品を作っていた。仕事中は、ひたすら部品と向き合っていた。同じことの繰り返しだった。単調できつい作業だったが、時給は一〇〇〇円を超えていた。

「それ以外の世界があることを、ここで知りました。お年寄りの手は温かい」

冷たい機械の世界には、「戻るとは思わない」と言う。

青山里会の人事室長、三瀬正幸は「（ブラジル人の）仕事ぶりは、日本人とまったく変わらない。とても熱心で真面目。しかもブラジル人特有の陽気さは、お年寄りからも喜ばれている」と話す。

介護職場の多くは人手不足に悩んでいる。重労働のわりに給与水準は高くない。ところが、リーマンショックが思わぬ追い風となった。

「仕事を失ったブラジル人の雇用の場として注目が集まるようになったのです。当初、二人ばかりを雇ってみたら、実にいきいきと働いてくれる。確かに言葉の問題はあるが、それは座学と毎日の経験の積み重ねでなんとかなる。なによりもブラジル人はお年寄りとのコミュニケーション能力が優れている。そこで積極的にブラジル人を職員として受け入れるようになりました」

三瀬は「ブラジル人は、人手不足を補うためだけの一時的な存在ではない。ましてや賃金抑制のために雇用しているわけでもない」と断言する。同会で働くブラジル人職員の給与水準は日本人職員とまったく同じだ。また、優秀なブラジル人職員には奨学金を支給して、資格取得のために専門学校で学ばせるなど、定着化も図っている。

「地域にはブラジル人住民も多い。いずれ、そうした人々がウチの入居者となることも考えられる。ブラジル人職員を増やすことは、ある意味、この地域における使命ではないかとも思う」

農業に活路を見出すブラジル人もいる。

埼玉県上里町で人材派遣会社を経営する斉藤俊男（四二）はいま、六人のブラジル人とともに地元名産の野菜の生産に励む。

斉藤は二〇年前にブラジルからデカセギとして来日。高圧線の工事現場などで働いた後、独立して派遣会社を設立。事業を成功させてから日本国籍を取得した。最盛期は五〇〇人もの派遣社員を抱えていたが、リーマンショックで経営は傾いた。現在も派遣業を続けてはいるが、売上げは全盛期の半分以下。登録社員も一〇〇人を切っている。

「仕事を失ったブラジル人の派遣社員に対する責任もある。そこで、工場労働に代わる新しい事業を模索した」

見つけたのが農業だった。斉藤が住んでいる上里町は、もともと農村地帯である。だが都市近郊農家の宿命というべきか、後継者が育たず、多くの農地が荒れるがままに放置されていた。

「もったいない」と斉藤は思った。農地が余っているのであれば、後継者がいないのであれば、自分がそこで農業経営することはできないかと考えたのだという。〇八年末のことである。

当初、「ガイジンに土地は貸せない」と断られた。そのことが余計に斉藤を発奮させた。

「負けん気が強いほうだから」と斉藤は笑う。

土地の古老に何度もかけあった。日本は上下関係に厳しいと理解していたので、敬意を持って接した。「荒れた農地を自分たちの手で蘇らせたい。それは地域の復興にもつながる」と、粘り強く訴えた。

そうした努力が実を結び、まずは五〇アールの土地を確保することができた。

初年度、見よう見まねで始めたホウレンソウ生産は大赤字を負った。ブラジル人仲間三〇人と始めた農業だったが、収益が見込めないと、大半の者が離れていった。だが、斉藤はあきらめなかった。農家に頭を下げて手ほどきを受けた。斉藤の誠実な人柄に惚れて、出張指導してくれる農家も増えた。

それから二年。農地は一〇ヘクタールにまで広がり、ホウレンソウはもとより、ネギ、キャベツ、ブロッコリーなども手がけるようになった。

「今年、ようやく食えるだけの収益を上げることができた。今後はフルーツも育ててみたい。農業はビッグビジネスですよ」と斉藤は胸を張る。

たとえ土地の貸し出しを断られても農業にこだわったのは、「絶対に儲かると信じていたから」だという。

「だって、農家の人はみんな、大きな家に住んでいる。アパートに住んでいる農家なんて聞いたことがない。農業が儲からないなんてウソですよ」

この楽天ぶりもまた、成功への原動力となったのだろう。

斉藤のケースだけではなく、いま、日本各地でおこなわれている農業への就業を目指す職業訓練には、大勢のブラジル人が押し寄せている。

それでも「成功者」は、ごく一部でしかない。圧倒的多数のブラジル人は、不況の波から逃れることができないでいる。

第二部の冒頭で触れたイワモト・カルロスは、一〇年の春を過ぎても仕事が見つからない。正月、雪化粧に明るい予兆を見たイワモトも、すでに半年を求職でつぶした。ハローワークは相変わらずの混雑で、派遣会社からも門前払いされる毎日だ。それでも家賃は滞納していないのに、大家は「毎日、ぶらぶらしているようなガイジンは出て行って欲しい」とイワモトに迫る。

「どこに出て行ったらいい？　ブラジル？　日本のほかの場所？　ワタシはどうすればいい？」

一日わずか一食に切り詰めているイワモトの表情は、暗くなる一方だ。

イワモトだけではない。ブラジル人集住地域を訪ねれば、同じように暗い顔をしたブラジル人が、同じように深いため息をつく。

＊　＊　＊

「日本には、外国人政策と呼べるようなものは存在してこなかった。政府が考えてきたのは、いかに管理するかということだけ。そして企業は外国人を雇用の調整弁としてのみ利用してきた」

外国人問題に詳しい自由人権協会の旗手明は、わが国の「身勝手さ」を批判する。

派遣切りは外国人から始まった。もっとも弱い部分から、はじかれる。

人手が足りないときは形だけ持ち上げられ、不況のときは真っ先にクビを切られる。

これが、いわゆる非正規労働者というものだ。昨今、この非正規をめぐる議論は喧《かまびす》しい。だが、外国人は三〇年も前からずっと、こうした働き方を強いられてきた。日本経済にとって、ひたすら都合の良い存在であり続けた。企業の繁栄を支え、あるいは不況企業の延命に力を貸した。しかし我々の社会は、その外国人を社会の一員として明確に認識したことがあっただろうか。

ある自動車部品工場で働く中国人研修生を取材で訪ねたときのことである。経営者が研修生の横っ面を平手打ちしている場面に出くわした。研修生が未払い賃金の支払いを要求したことに経営者が立腹したらしい。

経営者は私の視線に気がつき、すぐに手を引っ込めたが、何があったのかと問うと次のように答えた。

「なんでガイジンが日本人と同じ給料を要求するのか。理解に苦しむ」

この経営者は、けっして特殊な考え方の持ち主ではないだろう。おそらくは、外国人を雇用している少なくない経営者が、同じような認識を有しているはずだ。

外国人の労働条件は日本人と対等であってはならない。外国人は経営者の言いなりでなければならない。外国人は物申してはならない。辞めてほしいときは、素直に辞めなければならない。

これが、〝正しい外国人労働者〟のあり方なのだろう。あるいは、このような関係こそが〝共生〟なのだと思い込んでいる人もいるはずだ。

いつまでこうした歪な関係が続くのであろう。

そこに加えて、昨今は外国人排斥の動きも活発化してきた。「外国人は日本から出て行け」と街頭で訴える若者グループも登場している。「外国人よりも日本人に仕事を与えよ」との主張も珍しくなくなった。

好きでも嫌いでもかまわない。だが間違いなく、外国人はすぐ横で生活している。「見えない」のだとすれば、見ていないだけではなかろうか。少なくとも我々の生活の一部は、確実に外国人労働者へ依存している状態であることを忘れてはならない。まずは外国人労働者の存在を認め、その実態を知ることに役立てば——との思いで本書を書いた。

＊　＊　＊

文中の敬称はすべて略させていただいた。

貴重な時間を割いて私の取材に応じてくれたすべての人に、心からの御礼を述べたい。なかでも失業中の日系ブラジル人のみなさん、不当にも帰国処分を受けてしまった研修生・実習生のみなさんは、決して愉快とはいえない内容の取材に、辛抱強く付き合ってくださった。なかには、ぶしつけな質問を重ねる私を、不快に感じた方もいらっしゃるとは思う。この場を借りてお詫び申し上げたい。

また、編集者の小松現氏からは多くの助言をいただいた。小松氏とは私が『週刊宝石』（光文社・二〇〇一年休刊）記者だった頃からの付き合いになる。そうした〝同志的関係〟に甘えようとする私に対し、彼は最後まで編集者としての厳しい姿勢を崩すことはなかった。緊張感を緩めることなく仕事ができたのは、小松氏のおかげでもある。感謝したい。

文庫版補筆　外国人労働者問題の現在地

「ガイジンだからってバカにされてるんですよね」

大変でしたね――。そんな私の気の抜けたような相槌を撥ねつけるかのように、強くて活きのいい言葉が返ってきた。

「いいえ。私、しぶといんです」

眼鏡の奥で、決意と覚悟に満ちた瞳がきらきらと光っている。なめてもらっちゃ困るのだと言いたげな鋭い視線が、私を捉えて離さない。

彼女はもう一度、同じ言葉を繰り返した。

「しぶといんです。私、あきらめないから」

小柄で一見柔らかな印象を与える人なのに、全身から気魄《きはく》が溢れている。社会を変えていくのは、きっとこうした人なのだ。

フィリピン出身の長谷川ロウェナ。

いま、〝闘い〟の渦中を生きている。はじまりは二〇二一年二月だった。

勤めていたのは鶯谷（東京都台東区）のラブホテルだ。親会社は関東で一〇件以上のラブホテルを経営していたが、コロナ禍での営業不振などを理由に、清掃担当の従業員約二〇〇人を解雇した。クビを切られた全員がフィリピン人労働者だ。

もともとラブホテル業界の労働力は高齢の日本人女性が中心だったが、九〇年代から中国人留学生がそれに代わり、以降、多国籍化が進んだ。同業界は外国人労働力の貴重な受け皿として機能している。

ちなみにロウェナが働いていたホテルチェーンは大量解雇を実施した後、いまも営業を続けている。フィリピン人労働者の代わりに、今度はタイ人を雇用したのだ。営業不振が単なる口実であることは明白だ。

「ガイジンだからってバカにされてるんですよね。だから簡単に人を切り捨てる」

どんなに劣悪な待遇でもそれを受け入れ、おとなしく働いているうちは、安価で便利な労働力としての存在が認められる。だが、ひとたび権利を主張すれば、邪魔な存在だとして放り出される。それがロウェナが言うところの「ガイジン」である。

伏線はあった。新型コロナウイルスによる影響が深刻化した二〇年七月のことだ。全従業員が会社から勤務時間の短縮を告げられた。それまで週に六日勤務していたロウェナも、「週一勤務」を命じられた。勤務日数の大幅な削減。確かにコロナの影響で一時的に客足は落ちていた。生活は苦しくなるが、そのときは受け入れること以外の選択肢を考える余裕はなかった。

あるときテレビのニュースで、コロナを理由に休業や時短勤務をさせられた労働者に対し、国が休業給付金を支給する制度があることを知った。ロウェナは会社側にそれを伝えるも、担当者は生返事するだけで手続きを進めようとはしなかった。

業を煮やしてロウェナと仲間のフィリピン人労働者たちは近隣のハローワークに足を運び、自分たちだけで申請手続きをおこなった。そこで驚くべきことが発覚する。なんと、会社側は労働保険（雇用保険、労災保険）に加入していなかったのだ。同保険は従業員を抱えている企業であれば加入が義務付けられているものだ。会社はそれを怠っていた。

「つまり、私たちは従業員として存在していなかったことになるんです。このホテルで一〇年近く働いてきました。なのに、私は幽霊みたいなものだった」

給付金支給は労働保険加入が条件となっていた。このまま会社の協力がなければ、給付金を受け取ることができない。

ロウェナはチェーン内の他のホテルで働くフィリピン人労働者にも声をかけ、個人加盟労組・全統一労働組合（東京都台東区）のアドバイスを受け、約六〇人で労働組合を結成した。ロウェナは同労組のリーダーである。

労組は地域の労働局などに相談の上、どうにか給付金支給にまでこぎつけたが、最悪の事態はそのあとに待っていた。

二一年一月、フィリピン人の全従業員に対して会社側が解雇を通知したのである。

だまし討ち

「驚きました。同時に許せなかった」

毎日、朝の九時から夜の一一時まで働いてきた。賃金はどれだけ働いても東京都の最低賃金を数円上回るだけだった。

ラブホテルの清掃は、けっしてラクな作業ではない。一般的なホテルよりも部屋が汚れていることは多い。コロナをはじめ、様々な感染症に罹患するリスクもある。しかも短時間利用者が多いため、一日に数回転するのが普通だ。そうした職場で何年も働いてきたのだ。しかも残業したところで割増賃金が払われることもなかった（日本の労働法に詳しくない外国人労働者にとっては、けっして珍しいケースではない）。

この会社が悪質なのは、日本語の読み書きが不自由なフィリピン人労働者だけを〝選抜〟し、「次の会社に移籍するために必要だから」といった理由で、日本語のみで書かれた退職届にサインさせたことだった。

私の手元に、会社側が「次の会社へ移籍するために必要」だとして従業員にサインを強要した退職届がある。「一身上の都合により退職します」の文言に続き、「残業手当、深夜手当、休日出勤手当、有給休暇を含め、何らの債権債務がないことを確認し、その余の一切の請求を放棄いたします」とあらかじめ印字されたものだ。

日本語の不自由なフィリピン人労働者はまさか一切の権利放棄を宣言するものだとは思うことなく、会社側の言葉を信じてこれにサインした。

こんなにも外国人労働者をバカにした行為があるだろうか。

後になって「だまし討ち」であることを知った労働者たちは、慌てて日本語が堪能なロウェナに相談。あらたに労組の仲間となったことは言うまでもない。

労組は団体交渉を通して、会社側に解雇撤回を申し入れるが、いまに至るも無視されたままだ。社長は連絡先さえ労組に伝えることを拒み、そのうち団体交渉にも出席しなくなった。解雇撤回を拒否し続ける会社に対し、労組は同年七月に会社を提訴。解雇撤回と未払い賃金の支払いなどを求めて現在係争中である。

その後の調べで、当該企業がラブホテルだけでなく、各種風俗店なども経営するレジャーグループを展開していることも判明した。だが、同社の法人登記などを調べてみると、会社の所在地は北海道の地方都市で、学生が住むようなワンルームマンションの一室が「本社」となっていた。しかも人が住んでいる形跡は見られない。その後、本社を静岡市に移転したので私も同所を訪ねてみたが、そこもまた人の気配を感じられない家屋だった。

多くのホテル、風俗店を傘下に収めながら、連絡を取ることのできる「本社」すら持たない同社は、果たして裁判で勝ったところで支払いに応じてくれるのかといった不安が組合員を襲う。

「バカにされてる。ガイジンだから」

ロウェナはそう何度も繰り返した。

たとえば残業代に関しても、割増賃金の説明を受けたことなど一度もなかった。

「そんな制度が存在することすら知らなかった。会社の人は『稼ぎたいでしょ？だったら長時間働いてもいいからね』としか言わなかったんです。私たちは簡単に見捨てられた」

そう話したときのロウェナの表情には、「見捨てられた」悔しさがにじみ出ていた。

「ずっと生活と闘ってきた」

ロウェナは一九六七年、フィリピンの首都・マニラの郊外で生まれた。子ども時分は人気ドラマの影響を受けて「心理学者」になるのが夢だったという。主人公の心理学者が人の悩みを解決しながら未来を切り開いていく姿に憧れた。いま、労組のリーダーとして組合員の苦悩に寄り添っているのは「そのときの影響もある」と笑う。

だが貧困家庭で生まれ育ったロウェナは、高等教育を受ける機会に恵まれなかった。日本に出稼ぎに来たのは八六年。日本での仕事を斡旋している知り合いに誘われた。知っている日本語は「サヨナラ」だけ。貧しい生家を助けるために話に乗った。バブル期でもある。その頃、まだ日本は「金持ちの国」だった。日本人はみな、正直で優しい人たちなのだとも思っていた（すぐに幻想であることに気がつくが）。ロウェナは生まれ育ったフィリピンに「サヨナラ」を告げて、輝ける国に渡った。

どんな仕事を斡旋してもらえるのかも聞かされずに来日したロウェナは、「勤め先」としてあてがわれたスナックで働いた。長く水商売を続けたのは、それこそが日本社会の、いや日本人男性のフィリピン人女性に対する需要だったからだ。

一度は日本人男性と結婚もした。子どもも生んだ。

「ずっと生活と闘ってきた」。それがロウェナの人生だった。必死に働き続けることで、フィリピンに住む家族と、自分の子どもを守った。

いま、日本をどう思いますか？

私の問いに、ロウェナはしばらく考え込んだ。そして、続けた。

「はじまりがあれば、終わりもあるね」

禅問答のような言葉は、しかし、ロウェナのいまの気持ちを示したものだろう。

「はじまり」も「終わり」も自分で決める。誰かに運命を握られるのだけは嫌だ。

ロウェナが日本で獲得したのは、いや、獲得せざるを得なかったのは、「ガイジンというだけでバカにされる」日本社会で生き残るために必要な強い覚悟だった。

「大丈夫。ちゃんとやる」

そんな言葉を残して、ロウェナは「復職するまで」と決めたバイト先に向かった。

小さな体が黄昏時（たそがれ）の繁華街に消えていく。夕闇の中をロウェナは突き進む。たぶん彼女は「ちゃんとやる」。だが、彼女だけにそれを強いてよいのか。「ちゃんとやる」べきは——日本社会のほうだ。

売春強要

二〇二二年夏のことだ。前橋地方裁判所（群馬県前橋市）の法廷。被告として証言したのは、同県の有名温泉地、伊香保でパブを経営していた男性だ。

被告側の弁護士から、そこでカンボジア人女性を雇っていたのかと聞かれた男性は、「ウチの店で研修していただけ」だと返答した。

——女性たちは店内で接客はしていない？

「そうだ。あくまでも日本を知るための研修として来ていた」

——女性たちは店の二階で寝泊まりしていた。

「預かっていただけだ」

——彼女たちは営業中の店内で接客していたと証言しているが。

「そんなことはない。接客の指示もしていない。二階の部屋から店内に降りてきて、客からごちそうしてもらっていただけ。楽しそうだった」

――給与を払っていたか?

「払っていない。客からチップをもらっていたようだが」

――売春を強要していたか。

「していない。意気投合した客と店の外に出ていく女性もいたが、私が関与することではない」

続いて原告側の代理人が質問する。

――店の二階に彼女たちが客と一緒に消えていくのをどう考えていたのか。

「特に何も考えていない」

――部屋の中には避妊具やローションがあった。

「あとになってそのことを知った」

そして最後に裁判官が問いただす。

――女性たちが売春していたことに思い当たるフシはない?

「ない」

カンボジア人女性たちが、売春を強要されたことに対する慰謝料と未払い賃金を求めて、パブ経営者らを訴えた民事裁判のヒトコマである。

「事件」のあらましは次の通りだ。

「売春を強要された」──在日カンボジア大使館のフェイスブックに、そんな書き込みがあったのは二〇一六年十二月のことである。助けを求められた大使館はすぐに群馬県警と連絡を取り、カンボジア人女性七人を保護した。

同県警は捜査を進め、就労資格のない女性たちを違法に働かせたとして、パブ経営者や売春斡旋に関与したとされる暴力団組長（当時）らを入管難民法違反（不法就労助長）で逮捕した。

訴状や女性たちの証言によると、母国カンボジアの日本人向け飲食店で働いていた際、暴力団組長らに「日本の飲食店でウエートレスとして働くと月に三〇〇〇ドルから五〇〇〇ドルを稼ぐことができる」と勧誘されて来日。伊香保のパブに〝配属〟された。しかし仕事内容は売春だった。

当初、女性たちは売春を拒否したが、「ならば自力でカンボジアに帰れ」「ここで働くのであれば客と寝ろ」と恫喝され、応じざるを得なかったという。経営者の男性から報酬が支払われることもなかった。男性らは「カンボジアからの渡航費だって負担している」などと威圧し、精神的な束縛を加えたことも裁判の過程で明らかとなった。

入管難民法違反の事件では男性や暴力団組長ら日本側関係者全員が有罪判決を受け

ることになったが、二〇一七年六月、女性たちは未払い賃金や慰謝料を求めてあらたに民事提訴。「売春の強要はない」と主張する被告のパブ経営者らと全面的に争っている。

名湯の湯けむりに隠された温泉街の闇

「現場」となった伊香保温泉を訪ねた。

湯けむりがのぼる。出店がにぎわう。北関東有数の〝湯の町〟である。

同地のランドマークともいえる急こう配の「石段街」。山形県山寺、香川県金毘羅と並び、「日本三大名段」の一つに数えられる。石段の両脇では、名物の温泉饅頭を売る店に行列ができ、その横をソフトクリーム片手の家族連れやカップルが行き交う。

有名温泉地のありふれた光景も、頂上の三六五段目にたどり着く手前で裏道に入ると、また違った風情が視界に飛び込んでくる。垢ぬけない店名のスナックや射的屋が軒を連ねた、どこか寂寥感《せきりょうかん》の漂う通りには、かすかに欲望の香りが漂っていた。

その一角に、カンボジア人女性たちが「売春を強要された」と訴える件のパブがあった。すでに店は廃業し、薄汚れたガラス窓からはカーテン越しに、テーブルと椅子が雑然と並べられた店内を覗くことしかできない。郵便ポストは公共料金の請求書などが溢れたままになっていた。

近隣の商店主は言う。

「観光客相手の店で、地元の人が通うようなところではなかった。売春していたかどうかは知らないが、経営者も地元の人間ではなさそうだったし、営業実態がよくわからない怪しい感じがした」

また別の商店主も、「地震が起きたとき、怖いと言ってあの店から外国人女性が逃げ込んできたことがある。そこで初めて、外国人女性が接待する店なのだと認識した」と話す。

かつて、このあたりには「外人通り」と呼ばれる一角があった。その呼称通りに、外国人女性が接客するスナックやパブが建ち並び、一部店舗で売春がおこなわれていることはよく知られた話でもあった。湯の町は、昼間には見ることのできない夜の顔を持つ。

だが、温泉街の「浄化」を訴える地元商店会や警察によって、「外人通り」の店はことごとく廃業に追い込まれ、その後は一部の店が細々と違法な営業を続けていた。

今回、事件の舞台となったパブもその一つだった。

店舗の入り口の横には、二階へと続く外階段があった。この上に、女性たちが寝泊まりする部屋があった。そこは売春の場所としても利用されていたことを女性たちは証言している。

裁判においては、被告の男性、売春を持ち掛けた暴力団元組長らはそれを全否定した。あらためて被告の証言をまとめてみると——。

カンボジアの飲食店で働いていた女性たちが日本で働くことを望んだので、日本の習慣や料理などをよく知ってもらうため、日本に研修に来てもらった。その際、受け皿となったのが伊香保のパブだった。経営者の男性は「寝泊まりするための部屋を女性たちに貸しただけ」と主張する。特に給与などは何も払っていなかった。あくまでも「研修」だから。女性たちは研修のために、昼間は近隣の飲食店で食事していた。

そして夕食時になると、女性たちは店舗の中に入って、客からごちそうしてもらうことを覚えた。さらに勝手に客をとって売春するようになった。店側も、暴力団も、一切、これに関わっていない。

つまり、日本に研修に来たカンボジア人女性たちは、伊香保の温泉街のパブで寝泊まりしながら「日本」を学び、空いた時間に売春を覚え、そしてその売り上げの中から渡航費などの返済をしていた、ということだ。

そのうえ経営者男性らは、女性たちが売春していたことなどまったく知らなかったと強弁する。

そんなバカな話があるものか。いったい、このような「物語」をどのように信じたらよいのか。外形的には明らかに管理売春じゃないか。どう解釈したって人身取引だ。

私は前述した裁判で証言を終えた被告の経営者男性に裁判所内で取材を求めた。

——あなた方の主張はとうてい受け入れられるものではない。あなた方が売春を指示していたと考えるのが普通だ。

だが、被告の男性は私の質問を一切無視した。何も答えることなく、足早に立ち去ろうとする。男性の弁護士も、私を手で制した。

——私の言うことに無理があるのならば、何か指摘してほしい。納得できない。

そう重ねて問うても、私と視線すら合わせることなく、駐車場に止めてあった車に乗り込み、裁判所を出てしまった。

それから半年後の二〇二三年二月十日、前橋地裁で判決があった。同地裁の杉山順一裁判長は経営者男性や元組長に対し、未払い賃金を払うように命じたが、原告である カンボジア人女性たちの慰謝料請求は棄却した。売春が強要されていたとまでは「認めるに足りない」としたのである。

原告の代理人である皆川涼子弁護士は会見で次のように述べた。

「本件は目的を偽って女性たちを滞日させ、売春を強要した人身取引事案です。しかも売り上げはすべて被告らが管理していた。そこに雇用関係が認められ、未払い賃金の支払い命令が出た意味は大きいが、慰謝料請求が退けられたことは残念でならない」

すでにカンボジアに帰国している女性たちも弁護士を通じて「請求がすべて認められなかったのは残念です」との談話を発表した。

名湯の湯けむりに隠された温泉街の闇。

ここでも外国人は搾取の対象とされ、そして、弄《もてあそ》ばれた。

これもまた外国人労働者の現状を表す風景の一つである。

コロナ禍による追い打ち

本章で二つの「事件」を取り上げたのは、外国人の置かれた立ち位置をあらためて確認してもらうためである。

昨今、日本社会においては外国人や海外にルーツを持つ人々を忌避するような排外主義の傾向が高まってはいるが、絶対に忘れてはならないことがある。

日本社会は常に外国人を利用してきた、ということだ。安価で使い勝手のよい労働力として、性の対象として、そして雇用の調整弁として。

多文化共生といった掛け声もむなしく、社会はまだ、外国人に人権どころか人格すら付与していない。使い倒し、踏み倒す。そんな話は枚挙にいとまがない。

コロナ禍がはじまって以降、それらはよりわかりやすい形であぶりだされた。

本書で多くを割いた技能実習生の問題も同じだ。

たとえばコロナが猛威を振るっていた二〇年夏、私は名古屋市の郊外にある徳林寺を訪ねた。ここにはコロナの影響で仕事と住居を失ったベトナム人たちが身を寄せている。

「この先どうしたらよいのかわからない。お金もない。仕事もない。国に帰りたくても帰ることができない」

ベトナム人男性は通訳を介して私にそう訴えた。

もともと生活が困難な外国人を支援する文字通りの「駆け込み寺」として、地域では知られた存在だった。コロナの感染拡大が深刻化して以降、「在東海ベトナム人協会」の仲立ちで、多くのベトナム人が同寺を訪ねている。

「地元のみならず、北海道や九州からもウチを訪ねて来る人が後を絶たない。それだけ深刻な状況にあるということでしょう。誰かが保護しなければ、路上に放り出されたままになってしまいます」

同寺の高岡秀暢《しゅうちょう》住職（七六）はため息交じりに話した。

ベトナム人たちは別棟の〝宿坊〟で自炊しながら共同生活を送る。食材は寄付やカンパで賄っている。私が訪ねた際、ここでは四五人が生活していた。

多くは技能実習生や難民申請中の若者たちだ。

「コロナのせいで全部を失った」

悲痛な表情で訴えたのは、一七年に技能実習生として来日した女性（三一）だ。当初は岩手県内の食品関連工場で働いていたが、劣悪な労働条件とパワハラに耐えきれずに職場を離脱。その後、埼玉県内の工場で働いたが、コロナによる生産縮小に伴いクビキリにあった。知人の紹介で、徳林寺にたどり着いたという。

「ベトナムで九歳と四歳の子どもが待っています。本当はすぐに帰りたい」

航空機の減便の影響で、運賃はいまだ高騰したままだ。取材時は国際便のほとんどが運休状態だった。なにより彼女の手元にカネはなかった。

同じく元技能実習生の男性（二九）も、すべてを失い、「ネットカフェや公園で寝ていた」ときに、たまたま知り合ったベトナム人の力添えで徳林寺に身を寄せることになった。

「愛知県内のメッキ工場で実習生として働いていましたが、実習期間を終えても日本に残り、別の工場で仕事を見つけました」

定められた期限を過ぎても帰国できない実習生は少なくない。当初説明を受けていた労働条件とはまったく違った低賃金だったために、帰りたくとも帰ることができないのだ。国で待つ家族のために、少しでも多く稼いで帰りたいと思うのは自然なことだろう。そもそも払うべき賃金をごまかしているのは企業やブローカーの側なのだから。

だがコロナ禍は不幸の上に不運の雨を降らせる。ようやく見つけた工場の仕事も、派遣会社の担当者による「もう仕事はありません。辞めてください」の一言で、あっけなく幕を閉じた。

「わずかな賃金も、そのほとんどを国の家族への仕送りにあてていました。いまはどうにか食事と寝る場所だけは確保できましたが、この先どう生きていけばいいのかわ

からない。毎日不安で仕方ありません」（同）

視線はずっと下を向いたままだった。昂然と胸を張り、前に進むだけの勇気も知恵も、そして賃金も、日本は何も提供していない。

そのうえ外国人労働者は地域とのつながりも薄い。言葉の壁もある。一時的な避難場所さえ知らずに右往左往することしかできない人たちが、間違いなく存在する。

関東でも有数の外国人集住地域、群馬県太田市で出会ったネパール人男性（三一）もそうだった。難民申請中の非正規滞在者だ。日本語学校在学中に難民申請し、最近までは同地の地場産業である自動車製造の関連工場で働いていた。

「コロナ拡大後、突然に派遣会社からクビ（雇い止め）を告げられました。こんな状況でどうしてよいのかわかりません。アパートの家賃を払うこともできないので、いまは友人の家に世話になっています」

非正規滞在であるから、生活支援を目的とした特別定額給付金ももらうことはできなかった。支援団体から支給されるコメと缶詰だけが命綱だ。

太田市内で食糧支援をしている在日ネパール人サーザ福祉協会の理事長、ブッディ・セルチャンさんによると、群馬県内に住むネパール人は約四〇〇〇人。その多くが自動車関連産業で働いているが、他の外国人同様に派遣社員やアルバイトがほとんどで、もともと「クビになりやすい環境」にあるという。

非常時レイシズム

外国人労働者の雇用崩壊だけではない。コロナ禍は、もともと日本社会に溶け込んでいた差別と偏見を、〝非常時レイシズム〟ともいうべき、よりわかりやすい形で表出させている。

「中国人入店お断り」の張り紙を提示する商店があった。横浜市の老舗中華料理店には「中国人はゴミ」「出ていけ」と書かれた手紙が送りつけられた。

日ごろから外国人排斥を訴えている差別者団体は、コロナ禍に便乗したヘイトデモを各地で実施。中国人の蔑称である「シナ人」を連呼しながら「日本に流入させるな」と叫んだ。沖縄県那覇市でも、やはり差別者団体が中国人を「歩く生物兵器」などと中傷するヘイト街宣をおこなった。

さいたま市の朝鮮学校付属の幼稚園に対しては、市がマスクの配布を拒んだ。後に抗議によってどうにか支給されたが、それと同時に「朝鮮人のくせにマスクがほしいとは厚かましい」といった嫌がらせ電話が同園に殺到した。

愛知県では、クルーズ船のウイルス感染者を藤田医科大学岡崎医療センターに受け入れた際、「外国人に税金を使うな」「中国人、韓国人を追い返せ」といった抗議電話が相次いだことを大村秀章知事が明かしている。

非常時レイシズムと便乗解雇は、ウイルス以上の感染力をもって日本社会に広がった。

下がる日本人気

二〇二三年一月、私は岐阜県内にある外国人技能実習生の「シェルター」を訪ねた。様々な事情で職場から逃げ出し、国に帰ることのできない実習生たちがここで生活している。

ちょうど春節の時期と重なった。中国をはじめアジア各国から来た実習生たちは、唐辛子と香辛料で真っ赤に染まった春節祝いの火鍋を囲んでいた。

ひとりひとりに話を聞いてみれば、相も変わらず賃金未払いや、劣悪な労働環境の話ばかりが飛び出した。

「もう帰りたい。でも帰ることすらできない」

中国人の女性実習生（四七）はそう私に訴えた。

いま、かつてのような「時給三〇〇円」といった雇用条件はさすがに聞かなくなったが、それでも残業代の未払いなどは少しも珍しくない。縫製工場で働いてきたこの女性の月収は約一四万円。もちろん残業代は出ない。しかも休日は月に二日しかなかった。

「休みたい」。そう訴えただけで「休みたいなら国に帰れ」と怒鳴られ、会社を逃げ出した。このままでは体を壊してしまうと思ったからだ。

「朝五時半から深夜まで働かされた。死んでしまうと思った」

シェルターを運営するのは本書前半にも登場してもらった中国人の労働運動家・甄凱《ツエンカイ》である。

「実習生が酷使されている現状だけは何も変わらない。企業の人権意識は相変わらずだ」

甄凱はそう強調する。

その一方で、実習生として日本行きを希望する者たちが減っている現実もある。

「たとえば中国ではすでに、円安で物価高、低賃金の日本に行っても稼げないといった意識が広まってきた。ネットの影響で、日本の労働現場の内実が知れ渡っている。だからこそいまはさらに貧しいアジア各国からの実習生がそれにとって代わる存在となったが、それもいつまで続くことか」

「日本人気」は確実に低下の一途をたどっている。

労働力確保のため必死に外国人を呼び集めている日本だが、いずれ見向きもされなくなるのではないか。

あらゆる生産現場で外国人労働力に依存しながらも、「単純労働では受け入れない」との建前を崩さずにきた日本。内実が労働者であるにもかかわらず、いまだに「実習生」なる名称で、補助的な労働力であるかのように装う日本。安価な労働力に甘んじることができれば、地域の「ゲスト」として、浴衣を着て夏祭りの盆踊りの輪に加えてもらえるくらいの「交流」もできるが、権利を主張したとたんにまっさきにクビキリの対象となる外国人労働者。

たぶん――こんな国にはいずれ、誰もやって来なくなる。

落ちぶれていく国は、いつか労働者の送り出し国として「逆転」するのではないか。

日本人労働者が移住労働者として他国で働く。そんな未来も見えている。

＊　＊　＊

本書の新書版が発刊されたのは二〇一〇年である。

あれから一〇年以上が経過したが、「差別と貧困」に苦しむ外国人労働者の状況にそれほどの変化はない。

研修・実習制度は「技能実習制度」一本にあらためられ、滞在期間は最長五年間に延長された。実習生の募集、受け入れから、サポートは非営利団体の「監理団体」に任されるようにもなった。

しかし名称など外形上の変更は、内実までをも変えるわけではない。各地の「監理団体」はその多くが、それまでの受け入れ機関が看板を塗り替えただけで、監理されるのは企業ではなく、実習生であることはそのままだ。

前出・甄凱（現在は岐阜一般労働組合の外国人労働者担当）のもとには、いまも各地の実習生からひっきりなしにSOSを求める電話がかかってくる。

賃金の未払い、パワハラ、セクハラ、劣悪な労働環境、そして帰国命令――。

「あらゆる人権侵害が横行している。労働行政の監督強化で、ただ働き同然の低賃金は少なくなったが、それでも本質的な部分は何も変わっていない」

実習現場は「まるで労働法違反のデパート」だと甄凱は吐き捨てるように言う。

全国の労働局や労働基準監督署による立ち入り調査（二〇二一年）によると、実習生受け入れ企業の約七割で法令違反が確認されている。また、同年に発表された賃金構造基本統計調査では、実習生の賃金水準が日本人を含む同年代の労働者全体の約六割にとどまっていることも判明した。

実習生の立ち位置を示すような事件も相次いでいる。

岡山市の建設会社で働くベトナム人実習生が日本人従業員から暴行を受ける内容の動画がネット上で流布されたのは二一年。トラックの荷台に立たされた実習生が、日本人従業員からほうきのようなもので叩かれ続ける動画は波紋を広げた。被害者である実習生は、二年間にわたって、こうした暴行を受け続けたという。

また、二〇年一一月には、自室で双子の赤ちゃんを産んだベトナム人実習生の女性（二三）が、死体遺棄の容疑で逮捕された。死産だったために遺体をタオルでくるみ、弔いの言葉を記した紙片とともに自室に保管した。その三〇時間後に同容疑で警察署に連行、逮捕されてしまったのだ。

彼女は遺体と一緒に一日強、自宅で寄り添って過ごしただけである。しかも自分なりの葬祭をおこない、遺体をどこにも移動させていない。地元病院の院長は裁判所に提出した意見書の中で次のように指摘している。

「孤立出産で心身ともに疲弊しているにもかかわらず、嬰児《えいじ》を埋葬する準備をした彼女（※実際は氏名が明記されている）の行為は優秀の域にある。この行為が罪に問われるとなれば、孤立出産に伴う死産ケースのほとんどが犯罪とみなされてしまいかねない」

この事件から浮かび上がってくるのは、「妊娠を誰にも告げることができない」といった実習生の置かれた現状だ。

彼女は、妊娠したことで「強制帰国」させられることを恐れていた。

実際、妊娠、出産を理由に解雇、実習打ち切りとなった事例は少なくない。本書の冒頭では実習先企業の「異性との交際禁止」「妊娠禁止」を明記した誓約書の存在にも触れた。

実習生は親の監督下にある未成年者ではない。全員がれっきとした成人である。

この女性は支援者が主催した集会で次のように訴えた。

「私は、妊娠と出産について会社と組合（※管理団体のこと）に言えませんでした。

会社で二年以上働いている間、私は差別され、しばしばひどく叱られました。そもそも会社は『あなたは外国人なので有給休暇は出しません』と話していました。だからこそ、私は妊娠がわかると帰国させられると恐れていました」

さらにこう続けた。

「私は外国人技能実習生だから、私の行動が有罪とされたのではないですか？　もし私が日本人だったら、おそらく起訴もされず、裁判にもかけられなかったと思います。それでは、裁判所は外国人を差別していることになりませんか」

彼女は一審、二審ともに有罪判決（懲役三ヶ月、執行猶予二年）を受け、現在最高裁へ上告中だ。

当たり前に出産し、子育てし、そして働き続ける。そうしたことが実習生には認められていない。

私はいまでも時折、地方の「実習現場」を訪ねるが、待遇や労働環境以外のことでも、大きな違和感を抱えることが少なくない。たとえば、いまだに一部の企業では、社長が実習生に対して、自身を「お父さん、お母さん」と呼ばせている。「家族的」な関係であることをアピールしたいのだろうが、けっしてすべてが悪意ではないにせよ、やはり気持ち悪い。「わが子同然だから」と社長は強調するが、しょせんが演出である。本当の「わが子」であれば労働関連法に違反する待遇など強いないだろうし、ましてやセクハラなんてするわけもない。「親にワガママ言うな」といった屁理屈で、労働者としての正当な権利主張を抑えつけるための形式的な「家族」に過ぎないのではないか。

そもそも技能実習生は、あるいは他の移住労働者も、親が欲しくて出稼ぎに来たわけではないのだ。働いて、稼いで、家族のために仕送りしたいと思っている。自分の夢をかなえたいと願っている。家族づくりが目的ではない。

だからみんな必死なのだ。低賃金が嫌で職場から逃げ出す実習生が多いのも、そのせいだ。

メディアの多くは、いや、世論は、それをまるで犯罪のように扱うが（実際、逃げ出した先で犯罪に手を染める者だっている）、より多く稼ぎたいと思う気持ちは当然ではないか。

約束とは違う低賃金。残業代もない。外国人であるだけで、「格下」のように扱われる。出国した際の借金も完済できていない。そうした状況にあれば、私だってきっと、同じ夢を見る。逃げ出して、たとえ不法行為であろうとも、より賃金の高い場所で働こうと考える。

そうした思考回路におちいってしまうのは、社会が外国人労働者を、本来の労働者として認めていないからではないのか。隣人として意識していないからではないのか。生産に貢献してもらいながら、そのことをしっかり認識していないからではないのか。

いまや日本で働く外国人労働者は約一八〇万人にまで増えた。外国籍の人々全体の数は三五〇万人にもおよぶ。これは大阪市の人口を大きく上回る数字でもある。

にもかかわらず、日本社会は外国人労働力に対して安価で使い勝手の良いものであることを望むだけで、その人権や地域社会とのつながりに関心を寄せない。身につけているものも、口に入れているものも、その多くが「外国人産」であるのに、生産者の姿を思い浮かべる機会はほとんどない。

実習制度は毎年、米国務省をはじめとする国際社会から「人身取引」に等しい制度であることが指摘されている。実習生の支援団体や弁護士なども、制度の廃止を強く訴えている。内外からの批判に対し、政府内にも実習制度の根本的な見直しを検討する声があると聞く。

二一年には入管施設に収容されているスリランカ人女性が、虐待にも等しい劣悪な処遇によって命を落とした。

さらにいま、政府は入管法を改正し、難民申請に回数制限を求めたり、刑罰化を設けようと必死になっている。これはナショナリズムや排外主義の高まりを背景に、差別政策をよりいっそう進めようとするものだ。

在日コリアンの集住地域である京都・ウトロ地区や、韓国人学校などが放火の被害にあうようなヘイトクライムが頻発している中にあって、日本は掛け声だけの「国際化」からも撤退しようとしているのではないか。

繰り返す。私たちの生活は、あらゆる場面で外国人労働者に依存している。頼り切っている。しかし一方で排他の気分が社会を覆う。

こんなことでいいわけがない。

そのことを訴えたくて、私は新書版をもとに、「いま」の風景を加筆した。

外国人労働者は特別な存在なんかじゃない。いつも、どこかでつながっている。同じ空気を吸って生きている。ともに、ここにいる。

だからこそ、こうしたパートナーと一緒に、どこに向かうべきか。どうやって一緒に生きていくべきか。

読者の皆さんと一緒に、これからも考えていきたい。

文庫版刊行にあたり、あらためて取材に協力してくれた多くの関係者に感謝する。ありがとうございました。

また、十三年前の新書に新たな息吹を吹き込んでくれたのは、光文社未来ライブラリーの三宅貴久編集長である。彼の熱意が「復刊」を成し遂げてくれた。心からのお礼を伝えたい。

安田浩一

光文社未来ライブラリーは、
海外・国内で評価の高いノンフィクション・学術書籍を
厳選して文庫化する新しい文庫シリーズです。
最良の未来を創り出すために必要な「知」を集めました。

本書は2010年6月に光文社新書として刊行したものを、
加筆修正して文庫化したものです。

光文社未来ライブラリー

ルポ　差別《さべつ》と貧困《ひんこん》の外国人労働者《がいこくじんろうどうしゃ》

著者 安田浩一《やすだこういち》

2023年3月20日　初版第1刷発行

カバー表1デザイン　山田和寛(nipponia)
本文・装幀フォーマット　bookwall
発行者　三宅貴久
印　刷　萩原印刷
製　本　ナショナル製本
発行所　株式会社光文社
〒112-8011東京都文京区音羽1-16-6
連絡先　mirai_library@gr.kobunsha.com（編集部）
03(5395)8116（書籍販売部）
03(5395)8125（業務部）
www.kobunsha.com
落丁本・乱丁本は業務部へご連絡くだされば、お取り替えいたします。

ISBN978-4-334-77067-9　Printed in Japan

光文社未来ライブラリー　好評既刊

ヒルビリー・エレジー
アメリカの繁栄から取り残された白人たち

J.D.ヴァンス
関根光宏
山田文　訳

白人労働者階層の独特の文化、悲惨な日常を描き、トランプ現象を読み解く一冊として世界中で話題に。ロン・ハワード監督によって映画化もされた歴史的名著が、文庫で登場！

アマゾンの倉庫で絶望し、ウーバーの車で発狂した
潜入・最低賃金労働の現場

ジェームズ・ブラッドワース
濱野大道　訳

アマゾンの倉庫、訪問介護、コールセンター、ウーバーのタクシー——英国の〝最底辺〟労働に著者自らが就き、その体験を赤裸々に報告。横田増生氏推薦の傑作ルポ。

DOPESICK
アメリカを蝕むオピオイド危機

ベス・メイシー
神保哲生　訳

タイガー・ウッズ、プリンスらが嵌《はま》った「鎮痛薬の罠」。年間死亡者、数万人。麻薬密売人と医師、そして製薬会社によるアメリカ史上最悪の薬物汚染の驚くべき実態を暴く。

希望難民
ピースボートと「承認の共同体」幻想

古市憲寿

現代に必要なのは〝あきらめ〟か!?「世界平和」や「夢」を掲げたクルーズ船・ピースボートに乗り込んだ東大院生による社会学的調査・分析の報告。古市憲寿の鮮烈のデビュー作。

ネットリンチで人生を破壊された人たち

ジョン・ロンソン
夏目大　訳

〝大炎上〟が原因で社会的地位や職を失った人たちを徹底取材。加害者・被害者双方の心理、炎上のメカニズムなどを分析し、ダメージを受けない方法、被害を防ぐ方法を探る。